CONTENTS

APPENDICES

ABBREVIATIONS

The following abbreviations have been used in the text:

adj	adjective
f	feminine
fut	future
imp	imperative
m	masculine
n	noun
pl	plural
pres	present
sing	singular
v	verb

NAME LIST

The following names, together with their gender, have been used throughout the book. Most of these names reflect the marked tendency of Maltese parents to give foreign names to their children.

Carmen (f)
Francesco Pio (m)
Francis (m)
George (m)
Joe (m)
Marija (f)
Mario (m)
Pan (m)
Pierre (m)
Sean (m)
Simone (f)

PREFACE

Language is undeniably one of the most powerful indicators of a person's identity and origins. Even though the population of the small island of Malta stands at a mere one third of a million, the Maltese people are proud to speak Maltese, their very own language.

We generally associate people who interact in Maltese with those who live in Malta; yet there are thousands of first generation of Maltese migrants in North America, Australia and England, for whom Maltese is also their native tongue. However, in this regard, the picture is not as rosy as it may seem. Although Maltese language retention is high among the first generation of migrants, the percentages drop dramatically by the second and third generation as evidenced by the quantitative sociolinguistic studies carried out among the Maltese communities in Australia and Canada. Sadly so, most second/third generations of Maltese migrants do not even have an incipient knowledge of Maltese.

This Maltese audio course for beginners is primarily intended for these second and third generations of Maltese migrants who, for different reasons, have been denied the opportunity to learn the language of their parents/grandparents and who would still like to learn Maltese, at their own pace, at home. It is also meant for those foreigners who are living, working or studying in Malta and for whom it is important, at least, to understand the language. Although most Maltese are fluent in English, yet they do tend to lapse into Maltese quite often when in the company of other natives even in the presence of foreigners. Though this is often done quite unwittingly, unfortunately the foreigner often feels uncomfortable and left out. It is mostly for this reason that some foreigners want to learn Maltese, as this will enable them to integrate with the Maltese community.

Hopefully, the student who completes this beginners' course will not only be able to communicate at the basic level in this language. This course should also serve him as an impetus to continue with the study of the Maltese language and culture.

University of Malta   *Lydia Sciriha*

ACKNOWLEDGEMENTS

For the past four years, this course has been piloted with the help of a number of foreign students at the University of Malta, as well as some expatriates living in Malta and who have felt the need to learn Maltese. Their native language backgrounds are English, German, Dutch, Sinhalese, Japanese and Arabic. For their valued feedback I wish to thank all these students, but especially Martin Warner, Amal and Haneen Radie, Stephanie Anzinger, Helen Dekkers and Kuniko Fujiwara.

Thanks are also due to Professor Edward Fenech and to my brother Mario Sciriha, who both helped me edit the original text.

I am also indebted to Professor Mario Vassallo and Carmel Vella, for their encouragement and technical support, especially in the final stages of this work.

Finally, I gratefully acknowledge the support of Anthony Cortis, manager, Malta University Publications, and all the staff at Radju ta' l-Università: Silvio Scerri, Pierre Cassar and especially the station's manager, Albert Marshall.

INTRODUCTION

Languages, like human beings, belong to families by virtue of their genetic relationships. Maltese belongs to the Semitic language family. Other languages such as English and German belong to the Germanic group, while Latin, French, Italian, Portuguese and Spanish are members of the Romance language family. As members of their particular families, languages display similarities with other languages in their own language group. Thus, as a member of the Semitic language family, Maltese displays greater similarities with those languages in the same group, such as Arabic, rather than with Germanic and Romance languages. But unlike Arabic, Maltese is written in Roman script.

In fact, Maltese, which is basically Arabic in structure, word formation and vocabulary, is undoubtedly the most striking living heritage of one of Malta's numerous colonisers, the Arabs (870-1090). Subsequent rulers in Malta's chequered history, namely, the Normans (1090-1266); the Angevins (1266-1283); the Aragonese (1283 -1410); the Castilians (1412-1530); the Order of St John (1530-1798); the French (1798-1800) and the British (1800-1964), mainly spoke Italian, Spanish, Portuguese, French and English. Inevitably so, an indelible mark was left on the Maltese lexicon which is replete with loan-words derived from the diverse linguistic backgrounds of these rulers.

Aims of the Course

This course is intended for foreigners as well as second and/or third generations of Maltese migrants living in countries such as Australia, Canada and the United States of America. It does not presuppose any knowledge whatsoever of the language, but it does expect the student to have the determination and grit to learn the language.

The basic theoretical framework for this course has been derived from studies of first language acquisition, whereby the child, who is exposed to the language through his parents or his caregivers, is first able to understand the language, before he is in a position to utter meaningful words. Comprehension always precedes production in language acquisition and it is thus to be expected that understanding a language presupposes a lower level of competence than speaking the language. Moreover, when the child does start to speak his mother language shortly after his first birthday, he does not do so by uttering five or six word sentences! Rather, the child first starts with one word sentences which are predominantly made up of nouns and then gradually builds up the sentences into larger components by means of adjectives, pronouns, verbs and adverbs. Thus, the sentences gradually become significantly more complex grammatically and structurally than the one or two word sentences.

Thus, just as the child first comprehends his native language, the primary goal of this course is for the student to first comprehend Maltese, and by doing so this will give him enough confidence to eventually speak the language. However, the following caveat is in order. Though the course will give the student enough expertise to enable him to understand and to read Maltese, as well as to construct and speak simple sentences in this target language, the student should not expect to become a verbal geyser in Maltese by merely following these basic lessons in this beginners' course.

Structure of the Course

The course is structured in such a way that the student is not overburdened with too many grammatical rules, though, needless to say, some general rules regarding word formation, verb conjugation, and the structure of the sentence are given. Particular attention has been paid to explain grammatical rules in a simple manner so that the student will not give up after a couple of lessons. Maltese, like other languages in the world, is neither a difficult nor is it an easy language. In view of this fact, it is therefore important that the student embarks on each lesson with a positive attitude and dedicates sufficient time for study.

The audio cassettes which accompany this course book are provided for the student to enable him to listen to Maltese as it is spoken by native speakers of the language, and also to give him the opportunity to practise the language. The vocabulary, which is an integral part of each lesson, is also to be found on the accompanying tapes. As this course stresses the interactive approach, for each word or expression given on the tape, the student will first hear the English word, followed by the Maltese translation. To obtain the full benefit from the tape, following each Maltese word or expression, there is a pause which will give him sufficient time to repeat the same word or expression. This is followed by a confirmation so that the student will be able to check his pronunciation right away. In this regard it is fitting to emphasise that memory plays an important part in language learning and it is strongly recommended that he goes over the given vocabulary in each lesson as often as possible. The student should devise different strategies to grab each available opportunity to listen to the vocabulary on the tape, even if he is solely listening and repeating the vocabulary for just a few minutes, such as while driving the car, jogging, or doing some manual tasks which do not require a lot of concentration. Language research has consistently shown that immersing oneself in the language by listening as often as possible to the tape, is one of the best ways to remember the vocabulary.

It is important to note that since the course relies heavily on the vocabulary which supplements each lesson, there are a number of exercises at the end of each lesson to help the student revise the lesson and to jog his memory of the vocabulary in the previous lessons. As the vocabulary of the preceding lesson builds on the next one, it is thus advisable for the student to first learn the vocabulary in the preceding lesson before embarking on to the next, and thus avoid ending up frustrated and demoralised when attempting the end of lesson exercises. A key to the exercises is found in one of the appendices of this course book.

Lesson One

The Maltese Sound System Part I: The Consonants

THE MALTESE CONSONANTS

The sound system of Maltese is made up of consonants, vowels and diphthongs. Most of these sounds are **natural**, which means that these sounds are found in the sound inventories of many of the world's languages. Like most languages, the Maltese sound system also incorporates sounds which are not considered to be as natural as others. Thus, for example, the sound [m] as in mum is more natural than the sound [h] as in the underlined part of the English word hair.

THE INTERNATIONAL PHONETIC ALPHABET

In Maltese, there is at times a discrepancy in the way a sound is written (orthography) and the way it is actually pronounced because the Maltese alphabet is not an entirely phonetic one. On account of this fact, and in order to overcome the problem of mispronouncing written words in the text, the **International Phonetic Alphabet** (IPA) which symbolises the sounds in languages is used. In the IPA the phonetic spelling is a way of writing a word so that one symbol always represents one sound. Of note is the fact that most of the symbols in the phonetic alphabet are represented in the same way as the orthographic letters in the word. Thus, for example, the first sound of the first letter of the Maltese word belt town is identically represented as [b] in IPA. It should be noted that all IPA symbols are placed within square brackets. However, there are other symbols which are differently represented.

The following orthographic letters of Maltese are represented in the same way as those of IPA.

Orthographic Letter	IPA
b	[b] bag
d	[d] dog
f	[f] flower
g	[g] girl
j	[j] yellow
k	[k] king
l	[l] lamb
m	[m] man
n	[n] no
p	[p] plane
r	[r] ring
s	[s] sun
t	[t] ten
v	[v] vine
w	[w] water

The following orthographic letters in Maltese differ from IPA

ċ	[tʃ] (church)
ġ	[dz] (justice)
ħ	[h] (hair)
h	[ ] (unpronounced as in heir)
għ	[ ] (unpronounced as in dough)
q	[ʔ] (as in bottle as found in Cockney dialect)
x	[ʃ] (shoe)
z	[ts] (bits)
ż	[z] (zebra)

Word List

Maltese consonants in initial position of the word.

B [b]
bahar   *a sea*
bieb   *a door*

Ċ [tʃ]
ċavetta   *a key*
ċikkulata   *a chocolate*

D [d]
dar   *a house*
dan   *this*

F [f]
fjura   *a flower*
familja   *a family*

G [g]
grazzi   *thank you*
gżira   *an island*

Ġ [dz]
ġurdien   *a mouse*
ġnien   *a garden*

GH [ ] unpronounced
għada   *tomorrow*
għasfur   *a bird*

H [ ] unpronounced
hekk   *thus; so*
huwa   *he*

Ħ [h]

ħobża   *a loaf of bread*
ħalib   *milk*

J [j]

jum   *a day*
jiena   *I*

K [k]

kelb   *a dog*
kamra   *a room*

L [l]

le   *no*
libsa   *a dress*

M [m]

mara   *a woman*
mejda   *a table*

N [n]

nannu   *a grandfather*
nanna   *a grandmother*

P [p]

pastizz   *a cheesecake*
periklu   *danger*

Q [?]

qattus   *a cat*
qalb   *a heart*

R [r]

raġel   *a man*
ras   *a head*

S [s]
sodda   *a bed*
siġġu   *a chair*

T [t]
tifla   *a girl*
tifel   *a boy*

V [v]
vażun   *a vase*
vapur   *a ship*

W [w]
widna   *an ear*
wiċċ   *a face* - Top. as well.

X [ʃ]
ch   xemx   *sun*
xita   *rain*

Z [ts]
zija   *an aunt*
ziju   *an uncle*

Ż [z]
żarbun   *a pair of shoes*
żunżana   *a bee* / Wasp

Bee - nahla.

The following exercises test your identification of the Maltese consonants. Exercise One tests your identification of g/ġ; h/ħ; z/ż; ċ and għ.

Exercise One

Match the underlined Maltese consonantal sound by underlining its equivalent in the English example as in the following:

Ġurdien a mouse (garden; gem)
Ċikkulata a chocolate (cave; chair)

Now try these yourself:

1. Żunżana *a bee* (zebra; hits)
2. Ċavetta *a key* (cake; cheese)
3. Zija *an aunt* (zero; bits)
4. Ġnien *a garden* (justice; golf)
5. Ħobża *a loaf of bread* (horse; heir)
6. Għasfur *a bird* (dough; ghost)
7. Grazzi *thank you* (job; good)
8. Huwa *he* (hair; heir)
9. Ħalib *milk* (ham; honest)
10. Ziju *an uncle* (zodiac; kits)
11. Gżira *an island* (juice; gold)
12. Żarbun *a pair of shoes* (zodiac; kits)

Exercise Two

1. Which two consonants are not sounded in Maltese?

   għ   h

2. Give four Maltese consonants which differ from IPA?

   għ   ċ   ż   ġ   ħ

3. Give eight Maltese consonants which are identical with IPA?

   B, D, F, M, N, P, K, T.

   a e i o u.

6

pultruna	an armchair	hija	she
ċurkett	a ring	ċena	supper/dinner
dak	that	dejjem	always
fenek	a rabbit	vaganza	a holiday
gallettina	a biscuit	gallarija	a balcony
ġurnata	a day	ġakketta	a jacket
gharef	a wise man	ghax	because
hanut	a shop	hu	a brother
jew	or	Jannar	January
karrotta	a carrot	karrozza	a car
laringa	an orange	langasa	a pear
missier	a father/dad	malajr	soon
nies	people	nar	a fire
patata	a potato	basla	an onion
qamar	a moon	qawl	a proverb
rih	wind	ritratt	a photo
sena	a year	sikkina	a knife
tieqa	a window	tabib	a doctor
warda	a rose	wied	a valley
xitla	a plant	xaghar	hair
zokkor	sugar	zalza	tomato sauce
żball	a mistake	żejt	oil

Try these exercises:

Exercise Three

Match the underlined Maltese consonantal sound by underlining its sound equivalent in the English example:

1. Zokkor *sugar* (bits; zenith)
2. Ċurkett *a ring* (cane; child)
3. Żejt *oil* (zebra; hits)
4. Gallarija *a balcony* (girl; just)
5. Ħanut *a shop* (hour; house)
6. Għax *because* (ghost; though)
7. Xagħar *hair* (shoe; xenophobia)
8. Ġurnata *a day* (goal; job)
9. Hu *a brother* (heir; hair)
10. Jew *or* (judge; yellow)

Exercise Four

Express in Maltese:

A bird; I; a dog; a woman; a girl; an aunt; a cheesecake; a car; a pear; an orange; a grandfather; danger; an armchair; a chair; a door; now; supper; a rabbit; a feast; tomorrow; because; a dress; no; a table; quickly; a grandmother; an uncle; a heart; a bed; a head; a year; a ship; a holiday.

Lesson Two

The Maltese Sound System Part II: The Maltese Vowels

THE MALTESE VOWELS

Maltese has six orthographic symbols **a, e, i, o, u,** and **ie** for the vowels. The first five symbols can be either long or short, whereas the digraph **ie** is long. Usually vowels which are followed by one consonant are long, while those vowels which precede more than one consonant are short. The Maltese vowels are represented in a simplified way by means of IPA symbols as shown in the following examples with the vowels in question.

SECTION A

Word List

A [a]

 aħmar   *red*

arja   *air*

E [e]

eżempju   *an example*

hena   *happiness*

I [i]

ilma   *water*

id   *a hand*

IE [i]

ieħor   *another*

iebes   *hard*

O [o]

oħt   *a sister*
omm   *a mother/mummy*

U [u]

ukoll   *also*
but   *a pocket*

Now try this exercise:

Exercise One

Match the underlined Maltese vowel with its sound equivalent in the English example as in the following:

e.g. Żunżana *a bee* (hat; arch)

1. Aħmar *red* (father; pat)
2. Omm *mother*/mum (on; work)
3. Id *hand* (ship; sheep)
4. Ukoll *also* (butcher; cut)
5. Elf *one thousand* (sell; neat)
6. Bieb *a door* (sheet; hit)
7. Ilma *water* (bill; heat)

SECTION B

Word List

barmil	*a bucket*	pranzu	*a lunch*
mediċina	*a medicine*	presepju	*a Christmas crib*
kif	*how*	iva	*yes*
kiesaħ	*cold*	posta	*mail*
roża	*pink*	ġobon	*cheese*
sema	*a sky*	dundjan	*a turkey*
pupa	*a doll*	luminata	*a lemonade*
isfar	*yellow*	uniformi	*a uniform*

Now try these exercises:

Exercise Two

Match the underlined Maltese vowel with its sound equivalent in the English example.

1. L<u>u</u>minata *a lemonade* (put; boot)
2. K<u>i</u>f *how* (lick; leak)
3. Ġni<u>e</u>n *a garden* (it; seat)
4. R<u>o</u>ża *pink* (over; cot))
5. M<u>e</u>diċina *medicine* (let; seat)
6. <u>A</u>rja *air* (car; black)

Exercise Three

Express in English:

isfar; sema; kiesaħ; iva; kif; pranzu; barmil; pupa; luminata; but; arja; posta; ilma; presepju; dundjan; hena.

Exercise Four

Express in Maltese:

a key; a door; this; a house; a flower; a ring; a chocolate; a day; a bird; because; a brother; I; milk; an island; thank you; a car; a father; a cat; a man/husband; an uncle; a boy.

Lesson Three

The Maltese Sound System Part III: The Diphthongs

THE MALTESE DIPHTHONGS

A diphthong is represented as either:

(a) a sequence of two vowels; or
(b) a combination of a vowel followed by one of the semi-vowels **j** or **w**.

Maltese has seven diphthongs: [aj]; [ej]; [aw]; [ew]; [ow]; [ij]; [iw] with the last diphthong virtually never found in Maltese words.

Of particular note is the fact that **in writing**, the digraph **għ** may be followed by all the vowels except by the digraph **ie**. As has already been noted in the first lesson, the digraph **għ** has no particular sound. However, when the **għ** is followed by either the vowels **i**, or **u**, the resulting pronunciations are the diphthongs **[aj]** or **[ej]** and **[aw]** or **[ow]** respectively as shown in the following examples:

> e.g. tiegħi *mine*
> e.g miegħu *with him*

The underlined part of tiegħi *mine* is pronounced as either the diphthong **[aj]** or the diphthong **[ej]**; while that of miegħu is pronounced as either of the two diphthongs **[aw]** or **[ow]**.

SECTION A

Word List

AJ [aj]
bajda   *an egg*
tiegħi   *mine*

EJ [ej]
tiegħi   *mine*
bejt   *a roof*

AW [aw]
qawsalla   *a rainbow*
miegħu   *with him*

OW [ow]
miegħu   *with him*
għuda   *wood*

EW [ew]
lewża   *an almond*
kewkba   *a star*

IJ [ij]
mija   *one hundred*
lumija   *a lemon*

IW [iw]
liwja   *a bend*

Now try this exercise:

Exercise One

Match the underlined Maltese diphthongs with their English sound equivalents as in the following example:

Be<u>jt</u> *roof* *(p<u>ai</u>d; tide)*

1. Tieg<u>ħi</u> *mine*   *(nice; bit)*
2. Q<u>aw</u>salla *a rainbow*   *(now; show)*
3. Mieg<u>ħu</u> *with him*   *(know; dice)*
4. K<u>ew</u>kba *a star*   *(sew; eye)*
5. Tieg<u>ħi</u> *mine*   *(day; low)*

SECTION B			
Word List			
dgħajsa	*a boat*	dija	*a light, brightness*
fejn	*where*	ħamrija	*soil*
hawn	*here*	ħlewwa	*sweetness*
sewda	*black*	tiegħu	*his*

Exercise Two

Express in English:

Ġnien; hu/huwa; Jannar; kamra; kelb; għasfur; ġurdien; fjura; dan; ċikkulata; ħu; għax; jiena; żejt; xemx; wied; żarbun; siġġu; mejda; sodda; tifla; xagħar; sikkina; widna; xita; nannu; qalb; zokkor; żunżana.

Exercise Three

Express in Maltese:

Yes; happiness; a supper; a medicine; how; yellow; example; red; a lemonade; an egg; mine; his; where; a boat; wood; a hundred; brightness; a star; a rainbow.

Lesson Four

The Definite Article

In Maltese, **definiteness** is shown by placing the definite article l- or il- (if the word which follows the article starts with a consonant) in front of both nouns and adjectives as in the following examples:

l-arja	*the air*
l-aħdar	*the green (object)*
il-baħar	*the sea*
il-mejda	*the table*
il-laringa	*the orange*
il-marid	*the sick (man)*

Moreover, when preceded by words which begin with **ċ, d, n, r, s, t, x, z and ż**, the definite article is assimilated with these sounds as in the following examples:

iċ-ċavetta	*the key*
id-dar	*the house*
in-nanna	*the grandmother*
ir-raġel	*the man*
is-sikkina	*the knife*
it-tifel	*the boy*
ix-xemx	*the sun*
iz-ziju	*the uncle*
iż-żarbun	*the pair of shoes*

INDEFINITENESS

Indefiniteness in Maltese is unmarked, since the absence of the definite article l- implies the indefiniteness of the noun or adjective as in the following examples:

l-arja	*the air*	arja	*air*
il-lumija	*the lemon*	lumija	*a lemon*
il-kelb	*the dog*	kelb	*a dog*

id-dar	the house	dar	a house
l-ikrah	the ugly	ikrah	ugly
is-sabiħ	the beautiful	sabiħ	beautiful

PREPOSITIONS AND THE DEFINITE ARTICLE

The most commonly used prepositions in Maltese are:

quddiem	*in front of*
wara	*behind*
ħdejn	*near*
lejn	*towards*
fuq	*on*
taħt	*under*
bejn	*between*
minn	*from*
lil	*to*
bħal	*like*
għal	*for*
ta'	*of*
ma'	*with*
fi	*in*
bi	*with*

CONTRACTIONS OF PREPOSITIONS

When the prepositions **bħal, għal, ta', ma', fi** and **bi** (but not the other prepositions) immediately precede the definite article, they are linked to the definite article, thus forming one word as in the following examples:

lil + **il**-kelb = lill-kelb	*to the dog*
bħal + **il**-baħar = bħall-baħar	*like the sea*
għal + **il**-kelb = għall-kelb	*for the dog*
ta' + **il**-qattus = tal-qattus	*of the cat (the cat's)*
ma' + **il**-mara = mal-mara	*with the woman/wife*
fi + **il**-ġnien = fil-ġnien	*in the garden*
bi + **il**-fjura = bil-fjura	*with the flower*

Also, the preposition which is joined to the definite article, assimilates with the following word which starts with **ċ, d, r, n, s, t, x, z** and **ż** as in the following examples:

lil + it- tifla = lit-tifla	*to the girl*
ta' + iċ-ċikkulata = taċ-ċikkulata	*of the chocolate/*
	made of chocolate
ta'+ id-dar = tad-dar	*of the house; the house's*
għal + ir-raġel = għar-raġel	*for the man*
bħal + in-nanna = bħan-nanna	*like the grandmother*
bi + is-sikkina = bis-sikkina	*with the knife*
ma' + it-tifel = mat-tifel	*with the boy*
fi + ix-xita = fix-xita	*in the rain*
bi + iz-zokkor = biz-zokkor	*with sugar*
fi + iż-żejt = fiż-żejt	*in the oil*

The definite article is not linked with the other prepositions, namely **quddiem, wara, fuq, taħt, ħdejn, fejn** and **bejn**. Thus:

quddiem il-mara	*in front of the woman*
wara l-bieb	*behind the door*
taħt iċ-ċurkett	*under the ring*
ħdejn il-baħar	*near the sea*
lejn id-dar	*towards the house*
bejn in-nies	*between the people*

SECTION A

Word List

bi	*with*		fi	*in*
ma'	*with*		għal	*for*
ta'	*of*		bħal	*like*
bejn	*between*		taħt	*under*
ħdejn	*near*		lejn	*towards*
quddiem	*in front*		wara	*behind*

Now try these exercises:

Exercise One

Insert the definite article and translate into English.

e.g. bejt   il-bejt *(the roof)*

Vażun; mejda; siġġu; għien; żunżana; baħar; cavetta; dgħajsa; fjura; isfar; aħmar; għasfur; ħanut; nar; raġel; xemx; żokkor; żejt; widna; tifla; sodda.

Exercise Two

Answer the following questions

1. Which prepositions can be linked to the definite article to form one word?

    _____

2. Which prepositions cannot be linked to the definite article?

    _____

3. What happens to those prepositions which are linked to the definite article when the following words start with ċ, d, n, r, s, t, x, z, and ż?

    _____

SECTION B

Word List

u	*and*
iżda	*but*
filwaqt	*while*
għaldaqstant	*consequently*
marid	*sick*

Il-Ġranet tal-ġimgħa — *the days of the week*

it-Tnejn	*Monday*
it-Tlieta	*Tuesday*
l-Erbgħa	*Wednesday*
il-Ħamis	*Thursday*
il-Ġimgħa	*Friday*
is-Sibt	*Saturday*
il-Ħadd	*Sunday*

In-Numri Kardinali — *Cardinal Numbers*

1 wieħed	5 ħamsa	9 disgħa
2 tnejn	6 sitta	10 għaxra ~~asra~~
3 tlieta	7 sebgħa	11 ħdax
4 erbgħa	8 tmienja	12 tnax

In-Numri Ordinali — *Ordinal Numbers*

l-ewwel	*first*	it-tmien	*eighth*
it-tieni	*second*	id-disa'	*ninth*
it-tielet	*third*	l-għaxar	*tenth*
ir-raba'	*fourth*	il-ħdax	*eleventh*
il-ħames	*fifth*	it-tnax	*twelfth*
is-sitt	*sixth*		
is-seba'	*seventh*		

Exercise Three

Express in Maltese:

For a holiday; on the lemon; under the key; between the people; with the aunt; on the chair; of the boy; like a rainbow; in the car; for the husband; behind the vase; in front of the uncle; between the bed and the chair; of a girl; the dog and the cat; the boy's pocket; Friday, Saturday, Sunday and Monday.

Exercise Four

Express in English:

Ħdejn is-siġġu ta' Marija; taħt il-mejda; fil-karrozza tal-mara; ma' Joe; lejn il-bieb; bejn il-qattus u l-kelb; fil-familja ta' Carmen; għal tifel; fil-but tal-missier; l-ewwel qattus; ħamsa u għaxra; it-tielet raġel; l-għaxar mara.

Exercise Five

Write these in Maltese:

e.g. $1 + 1 = 2$ wieħed u wieħed = tnejn

(i) $3 + 4 = 7$;
(ii) $1 + 2 + 6 = 9$;
(iii) $5 + 7 = 12$;
(iv) $8 + 3 = 11$;
(v) $10 + 2 = 12$.

Lesson Five

The Verbs To Be and To Have

PRONOUNS AND VERBS

The personal pronouns in Maltese are:

jiena	*I*
inti (sing)	*you* (sing)
huwa	*he*
hija	*she*
aħna	*we*
intom (pl)	*you* (pl)
huma	*they*

The conjugated form of the verb *To Be* is as follows:

To Be

jiena	*I am*
inti (sing)	*you are*
huwa	*he is*
hija	*she is*
aħna	*we are*
intom (pl)	*you are*
huma	*they are*

The above paradigm of the conjugated verb **to be** shows that the personal pronouns in Maltese <u>also have a verbal function when followed by a noun or an adjective</u> as in the following examples:

hija mara sabiħa	*she <u>is</u> a beautiful woman*
huwa marid	*he <u>is</u> sick*

21

The verb **To Have**, an irregular functional verb, is conjugated in the following way:

To Have

jiena għandi	*I have*
inti għandek (sing)	*you have*
huwa għandu	*he has*
hija għandha	*she has*
aħna għandna	*we have*
intom għandkom (pl)	*you have*
huma għandhom	*they have*

Of particular note is the fact that, unlike English, the subject pronouns in Maltese may be omitted since the verbal forms are recognised by their endings. This notwithstanding, the pronouns are inserted when:

(i) **two subjects are in contrast** in a sentence:

e.g. (a) Huma għandhom ġnien filwaqt li hija għandha karozza.
They have a garden while she has a car.

instead of:

e.g. (b)* Għandhom ġnien filwaqt li għandha karozza.
(They) have a garden while (she) has a car.

(* hypothetical sentence)

(ii) for **emphasis:**

e.g. (a) Hija għandha qattus.
She has a cat.

instead of:

e.g. (b) Għandha qattus.
(She) has a cat.

(iii) when the second subject in a sentence is preceded by the word **anki** or **ukoll** *also/even*:

e.g. (a) Marija għandha qattus u **anki** jiena għandi wieħed.
Maria has a cat and even I have one (cat).

instead of:

e.g. * Marija għandha qattus u anki/ukoll għandi wieħed.
Maria has a cat and even I have one (cat).

(*hypothetical sentence)

In Maltese the following words are used to ask questions:

kemm?	*how much/how many?*
min?	*who?*
għalfejn?	*why?*
fejn?	*where?*
kif?	*how?*
xi?	*what?*
minn fejn	*from where?*

As has been noted earlier, it is common for Maltese speakers to omit the personal pronouns as in the following examples:

Kemm għandek zokkor?	*How much sugar do you have?*
Min huma?	*Who are they?*
Għalfejn hija hawn?	*Why is she here?*
Fejn intom?	*Where are you?* (pl)
Kif int?	*How are you?* (sing)
X'għandu r-raġel?	*What does the man have?*

Of note is the fact that the Maltese particle **in** prefixes the pronouns **hu** (inhu), **hija** (inhija) and **huma** (inhuma) when these follow either **kif** *how* or **xi** *what* as below:

X'inhu?	*What is he?*
Kif inhija?	*How is she?*
Kif inhuma?	*How are they?*

Word List

kemm	*how much/how many*
min	*who*
minn	*from*
għalfejn	*why*
xi	*what*
kamra tas-sodda	*a bedroom*
kamra tal-pranzu	*a dining room*
salott	*a sitting room*
kċina	*a kitchen*
kuġin	*a cousin*
xejn	*nothing*
illum	*today*
ftit	*a little*
bank	*a bank*
flus	*money*
razzett	*a farm*
kampanja	*countryside*
papra	*a duck*
kaxxa	*a box*
pipa	*a pipe*
tajjeb	*good/ well*

Exercise One

Express in English

1. Marija għandha dar fil-kampanja.
2. Mario għandu qattus, kelb u papra fil-ġnien tiegħu.
3. L-omm u l-missier huma fuq il-bejt tan-nanna.
4. It-tifla ta' Carmen għandha kaxxa kbira taħt is-sodda.
5. Il-pipa tan-nannu hija fuq il-mejda fil-kċina.
6. Ir-raġel ta' Marija għandu raġun.
7. Kif int illum? Tajjeb, grazzi.
8. Min huwa dak it-tifel? Il-kuġin ta' Francesco.
9. Fejn huwa Pan? Huwa fis-salott ma' Mario.

SECTION B

Word List

Ix-xhur tas-sena	the months of the year
Jannar	January
Frar	February
Marzu	March
April	April
Mejju	May
Ġunju	June
Lulju	July
Awissu	August
Settembru	September
Ottubru	October
Novembru	November
Diċembru	December

Espressjonijiet ta' Kuljum	Everyday Expressions
l-għodwa t-tajba	good morning
il-wara nofs in-nhar it-tajjeb	good afternoon
il-lejl it-tajjeb	good night
x'hemm?	hello (how are things?)
kif int?	how are you?
tajjeb	fine/well
hekk u hekk	so and so (neither good nor bad)
saħħa	good bye
narak	see you
is-sliem	peace be with you
jekk jogħġbok	please

Common Expressions with the Verb To Have

Għandi l-ġuħ.	I am hungry.
Għandi l-għatx.	I am thirsty.
Għandi raġun.	I am right.
Għandi tort.	I am wrong.
Għandha sena.	She is one year old.
Għandi x'nagħmel.	I am busy.

Exercise Two

Express in Maltese:

1. The boy is behind the chair.
2. The dog is on the roof.
3. Carmen and Francesco have a dog and a cat in the farm.
4. What is the matter with Sean (What does Sean have)? Nothing.
5. I am hungry and they are thirsty.
6. We are wrong and you (singular) are right.
7. Where is Maria? She is in the dining room.
8. Who is Francis? He is the son of George and Simone and the cousin of Francesco.
9. What does the mother have on the chair? She has an orange and a lemon.
10. How much money do you have in the bank? A little.
11. The months of the year are January, February, March, April, May, June, July, August, September, October, November and December.
12. The days of the week are seven: Monday, Tuesday, Wednesday, Thursday, Friday, Saturday and Sunday.
13. *Mario*: Hello, good morning Pan, how are you?
    Pan: Fine thanks, and you?
    Mario: Well thanks.
    Pan: Goodbye Mario.
    Mario: Peace be with you Pan.
    Pan: See you!

Lesson Six

Gender of Nouns and Adjectives

In Maltese, both nouns and adjectives are marked for gender. It is thus important to know the gender of the nouns so that the adjectives will agree in gender with the nouns they describe. Now let us first look at the gender formation of nouns.

GENDER OF NOUNS

In Maltese, nouns are either masculine or feminine. Nouns which refer to males are masculine and those which refer to females are feminine as in the following examples:

Masculine		Feminine	
il-missier	*the father*	l-omm	*the mother*
iz-ziju	*the uncle*	iz-zija	*the aunt*

For animate objects, most feminine nouns are usually derived from masculine nouns by adding the suffix **a**. Thus:

Masculine	Feminine		
it-tabib	*the doctor*	it-tabiba	*the doctor*
il-kelb	*the dog*	il-kelba	*the bitch*

In the case of inanimate objects, most feminine nouns usually end in the vowel **a**, whereas masculine nouns usually end in a **consonant** or in the vowel **u**.

Masculine	Feminine		
iż-żarbun	*the pair of shoes*	is-siġra	*the tree*
is-siġġu	*the chair*	il-libsa	*the dress*

However, there are exceptions to the above rules such as when:
(i) some masculine nouns end in the vowel **a**
and
(ii) some feminine nouns end in a **consonant**:

Masculine			Feminine	
Alla	*God*		id-dar	*the house*
ilma	*the water*		il-qalb	*the heart*
is-sema	*the sky*		l-omm	*the mother*

GENDER OF ADJECTIVES

Describing words which are known as adjectives, tell you what a thing is like (small, heavy, large). In Maltese, adjectives can be either masculine or feminine depending on the gender of the noun. Thus, an adjective is assigned a masculine gender if it describes a masculine noun, whereas it is given the feminine form if it qualifies a feminine noun, as is shown in the examples below:

tifel żgħir   *a small/young boy*
tifla żgħira   *a small/young girl*

it-tifel iż-żgħir   *the boy the small/young (the small/young boy)*
it-tifla ż-żgħira   *the girl the small/young (the small/young girl)*

From the above examples one notes that:

(i)   the position of the adjective in Maltese is one which <u>follows the noun</u>; e.g. tifel żgħir *a boy small/young (a small/young boy)*

(ii)   Definiteness is shown by affixing the definite article to **both** the noun and the adjective; e.g. It-tifel iż-żgħir *the boy the young (the young boy)*. Occasionally, the definite article is affixed only to the noun; e.g. il-Kotba Mqaddsa *Sacred Scripture.*

As regards the gender of **nouns**, at the outset of this lesson it was noted that as a rule, masculine nouns end in a **consonant** or in the vowel **u**, whereas those which are feminine end in the vowel **a**. Adjectives follow a similar pattern. Those **adjectives** which describe masculine nouns usually end in a **consonant** or n the vowel **i**. Just like feminine nouns, feminine adjectives are derived from masculine adjectives in the following ways:

(i) by adding the vowel **a** to the masculine adjective which ends in a **consonant**; e.g. żgħir (masculine), żgħir**a** (feminine) *small*;

(ii) by adding **ja** to the masculine adjective which ends in the vowel **i**; e.g. mistħi (m), mistħi**ja** (f) *shy*.

The following are examples of masculine adjectives which end in a **consonant** or in the vowel **i**, together with the feminine adjectives which are derived from the masculine adjectives by adding the suffixes **ja** or the vowel **a** to the masculine adjective:

Masculine		Feminine
nadif	*clean*	nadifa
qasir	*short*	qasira
qawwi	*fat/sturdy*	qawwija
raħli	*a villager*	raħlija

SECTION A

Word List

From this lesson onwards the word list shows the gender of the noun and adjective.

Alla (m)	*God*
ħabib (m)	*a friend*
ħajjat (m)	*a tailor*
għalliem (m)	*a teacher*
dentist (m)	*a dentist*
avukat (m)	*a lawyer*
nutar (m)	*a notary*
bennej (m)	*a stone mason*
perit (m)	*an architect*
spiżjar (m)	*a pharmacist*
kittieb (m)	*a writer*
flixkun (m)	*a bottle*

raħal (m)	*a village*
ilsien (m)	*a language/tongue*
platt (m)	*a plate*
problema(f)	*a problem*
belt (f)	*a town*
għarus (m)	*a groom*
lampa (f)	*a lamp*
librerija (f)	*a library*
tazza (f)	*a glass*
kikkra (f)	*a cup*
kuċċarina (f)	*a teaspoon*
imgħarfa (f)	*a spoon*
kamra (f) tal-banju	*a bathroom*
saħħa (f)	*health/strength*
pjazza (f)	*a (village) square*

Exercise One

Mark the nouns which are masculine as M and those which are feminine as F stating the reason for your choice.

The following example will show you how to go about working the exercise:

Il-lampa   *the lamp*   F/ends in the vowel a

1. il-mara   *the woman*
2. il-kelba   *the bitch*
3. is-siġġu   *the chair*
4. il-problema   *the problem*
5. il-wiċċ   *the face*
6. l-ilma   *water*
7. is-sema   *the sky*
8. l-avukat   *the lawyer*
9. il-ħajjat   *the tailor*
10. Alla   *God*
11. il-qawsalla *the rainbow*
12. l-isptar   *the hospital*
13. il-tabiba   *the doctor*

Exercise Two

Express in Maltese and say whether the noun is either masculine or feminine:

e.g. *the ear* il-widna (f)

the sun; the oil; the glass; the square; the lemon; the church; the house; the fire; the town; the dress; the lamp; the post; the milk; the bookcase/library; the spoon; the plate.

Exercise Three

Express in Maltese and then derive the feminine from the following masculine nouns:

e.g. the friend (m) il-ħabib, il-ħabiba

The dentist; the dog; the doctor; the tailor; the teacher; the notary; the tom-cat; the architect; the writer; the pharmacist.

SECTION B	
Word List	
ferħan (m)	*happy*
imdejjaq (m)	*sad*
żgħir (m)	*small/young*
kbir (m)	*big*
twil (m)	*tall*
qasir (m)	*short*
sabiħ (m)	*beautiful/handsome*
ikrah (m)	*ugly*
rqiq (m)	*thin*
sinjur (m)	*rich/wealthy*
fqir (m)	*poor*
kwiet (m)	*quiet*
imqareb (m)	*naughty/mischievous*
bjond (m)	*fair*
ismar (m)	*dark*
għażżien (m)	*lazy*

bieżel (m)	*active/industrious*
nadif (m)	*clean*
maħmuġ (m)	*dirty*
qadim (m)	*old* (inanimate object)
xiħ (m)	*old* (person)
ġdid (m)	*new*
barrani (m)	*foreigner*
għoli (m)	*high*
baxx (m)	*low*
dħuli (m)	*affable*
ħażin (m)	*bad*
ktieb (m)	*book*

Nazzjonalitajiet	Nationalities
Malti (m)	*Maltese*
Għawdxi (m)	*Gozitan*
Ingliż (m)	*English*
Amerikan (m)	*American*
Awstraljan (m)	*Australian*
Kanadiż (m)	*Canadian*
Spanjol (m)	*Spanish*
Taljan (m)	*Italian*
Grieg (m)	*Greek*
Franċiż (m)	*French*
Tork (m)	*Turk*
Ċiprijott (m)	*Cypriot*
Ġappuniż (m)	*Japanese*
Ġermaniż (m)	*German*
Għarbi (m)	*Arab*

Exercise Four

Express in Maltese

A short man; a quiet boy; a beautiful sky; a fat woman; a big house; a sick bitch; a poor woman; a small car; a short boy; an industrious woman; a dark girl; a dirty kitchen; a clean bathroom; a lazy cousin.

Kugin għażżien

Kamra tal-banju Nadifa.

Exercise Five

Express in Maltese:

The small girl; the shy man; the quiet girl; the handsome man; the dirty dog; the good book; the rich family.

Exercise Six

Put in the feminine and then translate into English:

Taljan; misthi; tifel; Tork; Malti; Franċiż; Kanadiż; Għawdxi; Awstaljan; Ċiprijott; Grieg; Ġermaniż; Għarbi.

Għarbija (Arab)

Exercise Seven

Express in English:

1. Ir-raġel ta' Marija hu oħxon u twil. *Fat   tall*
2. Min huma Marija u Francis? It-tfal ta' Joe.
3. Sean huwa t-tifel iż-żgħir tal-familja Fenech.
4. Mario hu twil u sabiħ bħaż-żiju ta' Marija.
5. Pan u Mario għandhom il-ġuħ u l-għatx.
6. Ir-raġel ix-xiħ u l-mara x-xiħa għandhom raġun.
7. Carmen Marija għandha sena biss u hija oħt Francesco.
8. Id-dar is-sabiħa għandha kamra tal-pranzu kbira, kamra tas-sodda, kċina żgħira, kamra tal-banju u ġnien kbir.
9. It-tifla l-Maltija u t-tifel il-Ġappuniż huma fid-dar iż-żgħira tar-raġel il-fqir.
10. Kemm għandhom flus ir-raġel u l-mara tar-razzett il-qadim? Ftit.

Exercise Eight

Express in Maltese:

1. The Greek (f), the Italian (m), the German (f) and the Maltese (m) are in the sitting room with other people.
2. In the village there is a big square and a small tree.
3. The language of the American boy is (the) English.
4. Joe is a wealthy man but is generous with the poor boy.

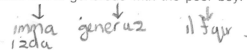
imma ġeneruz il fqir
iżda

33

biezla

↑

5. The beautiful woman has a lazy husband and an industrious daughter.
6. The tall Canadian is blond, affable and happy.
7. Maria's problem (the problem of Maria) is new.
8. In the library there is an old lamp and a dirty cup.
9. The old hospital is small but clean.
10. The bride and the groom are here.

↓

qeghdin haun

Lesson Seven

The Plural

In Maltese, both nouns and adjectives are assigned the plural form for which no gender distinction occurs. There are two kinds of plural:

(i) the **Sound** or **External Plural** is formed by the addition of suffixes such as **-i, -ijiet, -iet, -ien**, to the masculine and feminine form of the nouns and / or adjectives.

NOUNS

Most nouns are assigned the plural by affixing the suffixes: **-i, -ien, -ijiet**; and **-iet**.

platt	platti	*plates*
bieb	bibien	*doors*
missier	missirijiet	*fathers*
sptar	sptarijiet	*hospitals*
omm	ommijiet	*mothers*
*siġġu	siġġijiet	*chairs*
*nannu/a	nanniet	*grandparents*
*tfajla	tfajliet	*young female adolescents*

*Nouns ending in a vowel drop this vowel when affixing the plural suffix.

The plural of nouns which indicate parts of the body which go in pairs such as hands, arms, ears, and legs, is formed by affixing the suffix **-ejn** to the end of the singular noun.

id	idejn	*hands*
għajn	għajnejn	*eyes*
riġel	riġlejn	*legs*
widna	widnejn	*ears*
spalla	spallejn	*shoulders*

The suffix **-ajn** is affixed to the singular form instead of **-ejn** in the case of nouns which end in **ħ** or **q**:

sieq	saq**ajn**	*feet*
driegħ	dirgħ**ajn**	*arms*

ADJECTIVES

Of particular note is the fact that adjectives generally take the suffixes **-in, -n, -i**, and not the other suffixes. Adjectives ending in a consonant are assigned plurality by affixing the suffix **-in**:

ferħan	ferħan**in**	*happy*
imdejjaq	imdejq**in**	*unhappy*
maħmuġ	maħmuġ**in**	*dirty*
tajjeb	tajb**in**	*good*
rieqed	reqd**in**	*sleepy*
għażżien	għażżen**in**	*lazy*
kiesaħ	kesħ**in**	*silly*

Adjectives ending in the vowel **i** form their plural by adding the suffix **-n**:

Malti	Malti**n**	*Maltese*
Għawdxi	Għawdxi**n**	*Gozitans*
Sqalli	Sqalli**n**	*Sicilians*
dħuli	dħuli**n**	*affable*
barrani	barrani**n**	*foreigners*

Adjectives ending in a consonant form their plural by adding the suffix **-i** :

Franċiż	Franċiż**i**	*French*
Ingliż	Ingliż**i**	*English*
Taljan	Taljan**i**	*Italian*
Spanjol	Spanjol**i**	*Spanish*

(ii) the **Broken** or **Internal Plural** is formed by changing the internal structure of the word itself. It should be noted that the change in the structure of the word occurs only with regard to the vowels of the particular word. The sequence of the consonants of the noun or adjective is never changed. The following examples show the formation of broken or internal plurals:

bejt	bjut	*roofs*
furketta	frieket	*forks*
raġel	i rġiel	*men/husbands*
kitla	ktieli	*kettles*
fenek	fniek	*rabbits*
qalb	qlub	*hearts*
żejt	żjut	*oils*

Unfortunately, as is evident from the above examples, there are no quick and easy rules which govern the formation of the broken plurals of nouns and adjectives. It is thus advisable to memorise the plural forms of the nouns and adjectives in question together with their singular forms.

SECTION A

Word List

From this lesson onwards the Word List gives the plural form of the nouns and adjectives.
children

tifel	tfal	*boys* ġubun
tifla	tfal	*girls* Bniet
mara	nisa	*women*
raġel	i rġiel	*men*
tfajla	tfajliet	*young female adolescents*
missier	missirijiet	*fathers*
omm	ommijiet	*mothers*
ġenitur	ġenituri	*parents*
ziju	zijiet	*uncles*
zija	zijiet	*aunts*
kuġin	kuġini	*male cousins*
kuġina	kuġini	*female cousins*
ħu	aħwa	*brothers*
oht	aħwa	*sisters*
barrani	barranin	*foreigners*
furketta	frieket	*forks*

mgħarfa	mgħaref	*spoons*
sikkina	skieken	*knives*
kuċċarina	kuċċarini	*teaspoons*
sieq	saqajn	*feet*
riġel	riġlejn	*legs*
għajn	għajnejn	*eyes*
spalla	spallejn	*shoulders*
widna	widnejn	*ears*
ġewnaħ	ġwenħajn	*wings*
rkobba	rkobbtejn	*knees*
id	idejn	*hands*
saba'	swaba'	*fingers*
dħuli	dħulin	*affable*
għaqli	għaqlin	*wise/ prudent*
nadif	indaf	*clean*
twil	twal	*tall*
kwiet	kwieti	*quiet*
kbir	kbar	*big*
kburi	kburin	*proud*
ħażin	ħżiena	*bad*
sħun	sħan	*hot*
sinjur	sinjuri	*rich*
qadim	qodma	*old (inanimate objects)*
xiħ	xjuħ	*old (persons)*
sabiħ	sbieħ	*beautiful/handsome*
maħmuġ	maħmuġin	*dirty*
tajjeb	tajbin	*good*
ferħan	ferħanin	*happy*
qasir	qosra	*short*
għażżien	għażżenin	*lazy*
giddieb	giddibin	*liars*
żgħir	żgħar	*small*
ġnien	ġonna	*gardens*
żiemel	żwiemel	*horses*
ħmar	ħmir	*donkeys*
dar	djar	*houses*
qattus	qtates	*cats*
kelb	klieb	*dogs*
razzett	rziezet	*farms*
bandiera	bnadar	*flags*

Exercise One

First put into the plural and then translate into English as in the following example:

e.g. omm ferħana   ommijiet ferħanin   *happy mothers*

Tifel maħmuġ; mara nadifa; nannu xiħ; raġel twil; tifla għaqlija; furketta qadima; kuċċarina nadifa; spalla kbira; widna żgħira; tifla għażżiena; Malti għaqli; missier kwiet; raġel tajjeb

Exercise Two

Put these sentences into the plural and then translate into English:

1. Iz-ziju hu fil-ġnien iż-żgħir mat-tifla l-kwieta.
2. In-nanna u n-nannu huma fid-dar taz-ziju.
3. Iż-żiemel u l-ħmar huma fir-razzett il-kbir tan-nannu.
4. Il-qattus u l-kelb huma fuq il-bjut tar-raħlin.
5. Il-bandiera tal-pajjiż għandha ftit kuluri.

SECTION B

Word List

sptar	sptarijiet	*hospitals*
siġġu	siġġijiet	*chairs*
mejda	mwejjed	*tables*
kamra	kmamar	*rooms*
kċina	kċejjen	*kitchens*
knisja	knejjes	*churches*
raħal	rħula	*villages*
żejt	żjut	*oils*
libsa	lbiesi	*dresses*
qalziet	qliezet	*trousers*
dublett	dbielet	*skirts*
flokk	flokkijiet	*sweaters*
ġiekk	ġlekkijiet	*jackets*
klassi	klassijiet	*classes*

poeta	poeti	*poets*
professur	professuri	*professors*
avukat	avukati	*lawyers*
perit	periti	*architects*
għalliem	għalliema	*teachers*
nutar	nutara	*notaries*
spiżjar	spiżjara	*pharmacists*
tabib	tobba	*doctors*
student	studenti	*students*
problema	problemi	*problems*
Taljan	Taljani	*Italians*
Franċiż	Franċiżi	*French*
Malti	Maltin	*Maltese*
Għawdxi	Għawdxin	*Gozitans*
Ċiprijott	Ċiprijotti	*Cypriots*
Grieg	Griegi	*Greeks*
Tork	Torok	*Turks*
Ġermaniż	Ġermaniżi	*Germans*
Ġapppuniż	Ġappuniżi	*Japanese*
Kanadiż	Kanadiżi	*Canadians*
Amerikan	Amerikani	*Americans*
studjuż	studjużi	*scholars*
ħobża	ħobżiet	*loaves of bread*
ilsien	ilsna	*languages/ tongues*
bejt	bjut	*roofs*
qalb	qlub	*hearts*
ras	irjus	*heads*
kitla	ktieli	*kettles*

Exercise Three

Express in Maltese:

1. The grandfather is with an old woman in the big house.
2. The boy and the girl are on the chair.
3. The wise uncle is on the small bed.
4. Carnival and Easter are big feasts.

5. The horses and the donkeys are in the big garden with children.
6. In the farm there are horses, donkeys, big cats and small dogs.
7. On the tables there are forks, knives and spoons.
8. The villagers have rabbits and dogs in the square.
9. The churches in Malta are old but beautiful.

Lesson Eight

The Present Tense

Maltese verbs are made up of stems such as XTARA – *to buy* or GĦAMEL – *to do*. In order to conjugate the verbs in the present tense, one must first derive the **imperative** from each stem.

The imperative has two persons: the second person singular (*ixtri – buy!*); and the second person plural (*ixtru – buy!*). It is best to memorise the two persons of the imperative of the verb stems to be able to conjugate the verbs in the present tense.

CONJUGATION OF VERBS

Maltese verbs are conjugated by means of adding the prefixes **n** (1st person singular), **t** (2nd person singular), **j** (3rd person singular masculine), **t** (3rd person singular feminine) to the singular form of the imperative. The plural prefixes **n** (1st person plural), **t** (2nd person plural), **j** (3rd person plural) are added to the plural form of the imperative as shown in the following conjugated verbs:

XTARA *to buy*

ixtri	(2nd person singular) *buy!*	
ixtru	(2nd person plural) *buy!*	

jiena	nixtri	*I buy*
inti	tixtri	*you (sing) buy*
huwa	jixtri	*he buys*
hija	tixtri	*she buys*
aħna	nixtru	*we buy*
intom	tixtru	*you (pl) buy*
huma	jixtru	*they buy*

42

GĦAMEL *to make/do*

agħmel (singular)	make/do!	
agħmlu (plural)	make/do!	

jiena	**n**agħmel	*I make*
inti	**t**agħmel	*you (sing) make*
huwa	**j**agħmel	*he makes*
hija	**t**agħmel	*she makes*
aħna	**n**agħmlu	*we make*
intom	**t**agħmlu	*you (pl) make*
huma	**j**agħmlu	*they make*

SAJJAR *to cook*

sajjar (sing)	cook!	
sajru (pl)	cook!	

jiena	**n**sajjar	*I cook*
inti	****s**sajjar	*you (sing) cook*
huwa	**j**sajjar	*he cooks*
hija	****s**sajjar	*she cooks*
aħna	**n**sajru	*we cook*
intom	****s**sajru	*you (pl) cook*
huma	**j**sajru	*they cook*

The **t prefix assimilates with ċ, d, s, r, x, z and ż.

SECTION A

Word List

The following verbs are given together with their imperative forms in both singular and plural. It is advisable to study the imperative forms of each verb.

Vᴇʀʙɪ   Vᴇʀʙs

nefaq	*to spend*
onfoq (sing); onfqu (pl)	*spend!*

kines	to sweep	
iknes (sing); ikinsu (pl)	sweep!	
sab	to find	
sib (sing); sibu (pl)	find!	
ħadem	to work	
aħdem (sing); aħdmu (pl)	work!	
poġġa	to put/ to sit down	
poġġi (sing); poġġu (pl)	put/sit down!	
qara	to read	
aqra (sing); aqraw (pl)	read!	
kiteb	to write	
ikteb (sing); iktbu (pl)	write!	
żifen	to dance	
iżfen (sing); iżfnu (pl)	dance!	
seraq	to steal	
israq (sing); isirqu (pl)	steal!	
libes	to dress	
ilbes (sing); ilbsu (pl)	dress!	
ġera	to run	
iġri (sing); iġru (pl)	run!	
ħabb	to love	
ħobb (sing); ħobbu (pl)	love!	
ħasel	to wash	
aħsel (sing); aħslu (pl)	wash!	
sajjar	to cook	
sajjar (sing); sajru (pl)	cook!	
għamel	to make/to do	
agħmel (sing); agħmlu (pl)	make/do!	

	xtara	*to buy*
ixtri (sing); ixtru (pl)		*buy!*
	lagħab	*to play*
ilgħab (sing); ilagħbu (pl)		*play!*
	ta	*to give*
agħti (sing); agħtu (pl)		*give!*
	fehem	*to understand*
ifhem (sing); ifhmu (pl)		*understand!*

Exercise One

Translate into Maltese and conjugate the following verbs in the present tense:

to wash; to love; to work; to do/to make; to give; to understand; to sweep; to buy.

Exercise Two

Insert the correct pronoun and then translate into English.

1. ...... taqra ħafna kotba.
2. ...... niżfnu fil-pjazza.
3. ...... jagħmlu ħafna storbju.
4. ...... nixtri ħafna laring.
5. ...... jħobb is-sigar kbar.
6. ...... tpoġġi s-siġġijiet fil-kamra tal-banju.
7. ...... naħdmu kuljum.
8. ...... nsajjar kull nhar ta' Sibt.
9. ...... jisraq ħafna flus.
10. ...... nagħtu ħafna laring u langas.
11. ...... jħobbu l-klieb u l-qtates.
12. ...... nifhmu l-lezzjoni tal-Malti.

Exercise Three

Put the right part of the verb in the present tense as in the following example:

e.g. Aħna (fehem) nifhmu.

1. Huwa (ħadem). 2. Hija (ħabb). 3. Inti (seraq). 4. Aħna (libes). 5. Intom (sajjar). 6. Jiena (xtara). 7. Huma (lagħab). 8. Marija u Mario (ta). 9. It-tfal (fehem). 10. Inti (kiteb). 11. Il-kelb (ġera). 12. In-nisa (poġġa). 13. Intom (għamel).

SECTION B
Word List

kiesaħ (m), kiesħa (f), keshin (pl)	cold
ħaxix	vegetables
frotta (f), frott (pl)	fruits
ħelwa (f), ħelu (pl)	sweets
staġun (m), staġuni (pl)	seasons
xahar (m), xhur (pl)	months
numru (m), numri (pl)	numbers
ħafna	much; a lot of; many
dan (m), din (f), dawn (pl)	this/these
dak (m), dik (f), dawk (pl)	that/those
ġardinar (m), ġardinara (pl)	gardeners
eżami (m), eżamijiet (pl)	examinations
lezzjoni (m), lezzjonijiet (pl)	lessons
futbol	football
diffiċli (m & f, sing & pl)	difficult
flimkien	together
hemmhekk	there
storbju	noise
Milied	Christmas
Għid	Easter
larinġa (f), larinġ (pl)	oranges
ittra (f), ittri (pl)	letters
karrotta (f), karrotti (pl)	carrots
lanġasa (f), lanġas (pl)	pears

Il-kuluri	the colours
aħmar (m), ħamra (f), ħomor (pl)	red
aħdar (m), ħadra (f), ħodor (pl)	green
iswed (m), sewda (f), suwed (pl)	black
abjad (m), bajda (f), bojod (pl)	white
isfar (m), safra (f), sofor (pl)	yellow
ikħal (m), kaħla (f), koħol (pl)	blue
griż (m), griża (f), griżi (pl)	gray
kannella (m & f, sing & pl)	brown
roża (m & f, sing & pl)	pink

L-istaġuni	the seasons
ir-rebbiegħa (f)	spring
is-sajf (m)	summer
il-ħarifa (f)	autumn
ix-xitwa (f)	winter

Exercise Four

Express in English:

1. L-istaġuni tas-sena huma erbgħa: ir-rebbiegħa, is-sajf, il-ħarifa u x-xitwa.
2. Il-kuluri li nħobb huma tmienja: l-iswed, l-aħdar, il-kannella, ir-roża, l-ikħal, l-abjad, il-griż u l-isfar.
3. Il-bandiera Taljana hija ħadra, bajda u ħamra.
4. Il-libsa l-ħamra hija maħmuġa.
5. It-tifel in-nadif hu qawwi.
6. Mara Griega hija mara sabiħa.
7. Ix-xiħ l-għaref huwa ħdejn il-mara l-mistħija.
8. Is-siġra l-kbira hija sabiħa ħafna.
9. Simone tħobb ġnien kbir bil-fjuri.
10. Filwaqt li Mario hu t-tifel il-kbir tal-familja Borg, Maria hija t-tifla ż-żgħira tal-familja Fenech.

Exercise Five

Express in Maltese:

1. Every week the boy reads a book.
2. Mary cooks dinner for the boys.
3. Simone's husband is very sturdy and tall.
4. Every day the children eat a lot of sweets.
5. The pretty girl wears the red dress.
6. I love Christmas and Easter.
7. I have a brown dog and a black tom-cat.
8. The four seasons are: spring, summer, autumn and winter.
9. Every evening Maria and Joe dance together.
10. They have a large house and a beautiful garden.
11. Every Monday, Pan buys oranges, carrots and pears.
12. Every month Carmen washes the old chair in the kitchen.

Exercise Six

Express in Maltese:

1. The Maltese flag is red and white.
2. Francesco Pio and Carmen are in the grandfather's garden (in the garden of the grandfather).
3. While December is a cold month, July is very warm.
4. Sean is a quiet boy and is also shy.
5. A Canadian student is studious and wise.
6. Francis has a big car while I have a small dog and a big tabby cat.
7. The mother and the father are hungry and thirsty.
8. The boy and the girl are right.

Lesson Nine

The Negative

Not is translated by the word **ma** (**m'** only before a vowel, silent h or għ). This is followed by the conjugated verb to which is affixed **x** to the end of the verb. <u>Ma always occupies the same place in the sentence as the English word **not**</u> and it always <u>precedes the verb.</u> Thus:

e.g. Jien nonfoq *I spend;* jien **ma** nonfoqx *I do not spend*
e.g. Aħna nixtru *we buy;* aħna **ma** nixtrux *We do not buy*

NEGATIVE FORMS
The following are the negative forms of the verbs **To Be** and **To Have**. Of note is the fact that a verb ending in the vowel **a**, has this vowel changed to **ie** when the negative suffix **x** is attached to it.

Verb **To Be**

jiena	*I am*	**m'**in*ie*x	*I am not*
inti	*you are*	**m'**intix	*you (sing) are not*
huwa	*he is*	**m'**huw*ie*x	*he is not*
hija	*she is*	**m'**hij*ie*x	*she is not*
aħna	*we are*	**m'**ahn*ie*x	*we are not*
intom	*you are*	**m'**intomx	*you (pl) are not*
huma	*they are*	**m'**hum*ie*x	*they are not*

Verb **To Have**

jiena	ghandi	*I have*	**m'**ghandix	*I do not have*
inti	ghanek	*you have*	**m'**ghandekx	*you (sing) do not have*
huwa	ghandu	*he has*	**m'**ghandux	*he does not have*
hija	ghandha	*she has*	**m'**ghandh*ie*x	*she does not have*
aħna	ghandna	*we have*	**m'**ghandn*ie*x	*we do not have*
intom	ghandkom	*you have*	**m'**ghandkomx	*you (pl) do not have*
huma	ghandhom	*they have*	**m'**ghandhomx	*they do not have*

Word List

storja (f), stejjer (pl)	*stories*
filgħaxija	*in the evening*
wara nofs in-nhar	*in the afternoon*

Verbi	Verbs
mar	*to go*
mur (sing); morru (pl)	*go!*
wieġeb	*to answer*
wieġeb (sing); wieġbu (pl)	*answer!*
gidem	*to bite*
igdem (sing); igdmu (pl)	*bite!*
aċċetta	*to accept*
aċċetta (sing); aċċettaw (pl)	*accept!*
fetaħ	*to open*
iftaħ (sing); iftħu (pl)	*open!*

Now try these exercises:

Exercise One

Put the right part of the verb in those sentences for which the verb stem is given in brackets and put into the negative. Afterwards translate into English:

e.g. Il-Milied u l-Għid (għamel) lil ħafna nies ferħanin
Il-Milied u l-Għid ma jagħmlux lil ħafna nies ferħanin.
Christmas and Easter do not make a lot of people happy.

1. Hija għandha tifla u tifel.
2. Aħna (ġera) lejn il-baħar.

3. Jiena mara bjonda u twila.
4. Huwa għandu dar sabiħa bi ġnien kbir.
5. Hija spiżjara anzjana u għarfa.
6. Huma nisa tajbin.
7. Inti għandek ħafna ġuħ u għatx.
8. It-tfal (fehem) l-lezzjoni tal-Malti.
9. Marija u Mario huma fil-kamra tal-pranzu mat-tfal.
10. Pierre (xtara) ħafna frott u ħelu għat-tifel ta' Marija.
11. It-tfal (għamel) ħafna storbju meta huma (lagħab) l-futbol fit-triq.

Exercise Two

Put in the correct form of the verb and then translate into English:

e.g. Aħna (kiteb) ittra lill-mara ta' Mario.
Aħna niktbu ittra lill-mara ta' Mario.
We write a letter to Mario's mother.

1. Inti (żifen) tajjeb ħafna.
2. Huma (ħabb) lill-qtates u l-klieb.
3. Marija (xtara) libsa twila.
4. It-tfal (ġera) fir-razzett tan-nanniet.
5. Jiena (kiteb) ktieb dwar l-istorja ta' Malta.
6. Il-missier (ħadem) fl-għalqa tan-nannu.
7. In-nisa (sajjar) kuljum għall-familji.
8. Carmen (nefaq) ħafna flus fil-kotba ta' l-iskola.
9. Huwa (ħasel) lit-tifel maħmuġ.
10. Pan (kines) l-art tad-dar il-kbira fil-kampanja

Exercise Three

Express in Maltese:

1. The Maltese flag is not yellow and green, but white and red.
2. Francesco Pio u Carmen are not here but at their friends' farmhouse.
3. While July in not a cold month, January is not hot but very cold.

4. Francis is a friendly and studious boy.
5. A German student is not always studious.
6. Francis does not have a big car like Sean.
7. The son and the daughter are not hungry and thirsty.
8. The small children are not right.
9. The lesson is difficult and Maria does not understand the teacher.
10. The old men in the square love the cheesecakes and the sweets.

Exercise Four

Express in Maltese:

1. The man does not steal watches.
2. Maltese people do not spend a lot of money.
3. Joe sweeps his bedroom in the afternoon.
4. Maria and Carmen do not play football, but they play tennis.
5. The gardener does not give water to the trees in the garden.
6. The two boys do not understand the lesson.
7. In Malta we do not have a long winter.
8. The Maltese language is not difficult.

Lesson Ten

The Future Tense

In Maltese, futurity is conveyed by means of the particle **sejjer** (m), **sejra** (f). **sejrin** (pl). This particle carries the meaning of *shall* and precedes the conjugated form of the present tense of verbs as shown in the following examples:

Carmen sejra tixtri l-ħaxix għada.
Carmen will buy the vegetables tomorrow.

Francis u Sean sejrin jaħslu l-platti wara l-pranzu.
Francis and Sean will wash the plates after dinner.

To Be and To Have
The future of the verbs **To Be** and **To Have** is as follows:

To Be		**To Have**	
jiena nkun	*I shall be*	jiena jkolli	*I shall have*
inti tkun	*you (sing) will be*	inti jkollok	*you (sing) will have*
huwa jkun	*he will be*	huwa jkollu	*he will have*
hija tkun	*she will be*	hija jkollha	*she will have*
aħna nkunu	*we shall be*	aħna jkollna	*we shall have*
intom tkunu	*you (pl) will be*	intom ikollkom	*you (pl) will have*
huma jkunu	*they will be*	huma jkollhom	*they will have*

The future forms of the verbs **to be** and **to have** may also be followed by the present tense of the conjugated verb as in following examples:

Għada huma jkollhom jixtru ħafna frott għat-tifla l-marida.
Tomorrow they will have to buy a lot of fruit for the sick girl.

Il-ġimgħa d-dieħla jiena nkun niżfen fil-kamra tal-pranzu ma' Pan.
Next week, I shall be dancing in the dining room with Pan.

SECTION A

Word List

Common Expressions denoting the Future:

is-sena d-diehla	*next year*
sena ohra	*next year*
il-ġimgha d-diehla	*next week*
fil-ġimghat li ġejjin	*in the weeks to come*
ix-xahar id-diehel	*next month*
fix-xhur li ġejjin	*in the months to come*
fi ftit sighat ohra	*in the next few hours*
fil-ġranet li ġejjin	*in the next few days*
fis-snin li ġejjin	*in the years to come*
fi ftit minuti ohra	*in the next few minutes*
fi ftit sekondi ohra	*in the next few seconds*
it-Tnejn li ġej	*next Monday*
dalwaqt	*soon*

Now try these exercises:

Exercise One

Express in Maltese:

1. In the next few days Pan will give a lesson at the University.
2. She will write a letter to the boy in the next few hours.
3. Soon I shall give the book and the dress to a girl.
4. They will buy vegetables and fruit from the farmhouse.
5. We shall wash the dirty clothes next week.
6. I shall read the important book next month.
7. Mario shall work a lot next year.
8. Joe and Mario will have to cook the dinner for the family.
9. The children will be dancing in the garden in the afternoon.
10. The boys will have to understand the Maltese lesson soon

Exercise Two

Express in Maltese:

1. Maria will not put the forks on the table.
2. John will not work in the months to come.
3. The small girl will not steal the doll.
4. The children will not play with the dog.
5. I shall read the book in the next few days.
6. The mother and father will cook the meal in the evening.

SECTION B

Word List

proġett (m), proġetti (pl)	*projects*
importanti (m & f, sing & pl)	*important*
università (f), universitajiet (pl)	*universities*
jekk	*if*
meta	*when*
ħwejjeġ	*clothes*
rigal (m), rigali (pl)	*presents*
arloġġ (m), arloġġi (pl)	*watches*

Verbi — Verbs

għen	*to help*
għin (sing); għinu (pl)	*help!*
ra	*to see*
ara (sing); araw(pl)	*see!*
wasal	*to arrive*
asal (sing); aslu (pl)	*arrive!*
sar	*to become*
sir (sing); siru (pl)	*become!*
għażel	*to choose*
agħżel (sing); agħżlu (pl)	*choose!*
qam	*to wake up/get up*
qum (sing); qumu (pl)	*wake up/get up!*

Exercise Three

Put the right part of the verb with these persons and then put into the future:

e.g.   Aħna (għen)
       Aħna sejrin ngħinu.

1. Huwa (wieġeb). 2. Jiena (mar). 3. In-nisa (żifen). 4. Aħna (għażel). 5. Intom (aċċetta). 6. Inti (għen). 7. Hija (qam). 8. Intom (wasal). 9. Hija (għażel). 10. It-tifla (poġġa).

Exercise Four

Express in Maltese:

1. Mary will not wash the dirty clothes next week.
2. We will not accept the beautiful watch.
3. Joe does not help Maria in the evening.
4. You (sing) and the boy will have to go near the church.
5. The children will have to work a lot next summer.
6. Maria will answer Joe's letter in the afternoon.
7. Pierre will buy the car next week.
8. I shall have to give the food to the small children.
9. The dog will bite the little boy's hand soon.
10. The husband will have to wake up the boy.
11. Maria and Mario will work on an important project next year.
12. We shall be at home in the next few minutes.

Lesson Eleven

The Pronominal Suffixes

Pronouns are words used in place of nouns. Maltese has pronominal suffixes which can be attached to nouns, verbs and some of the prepositions:

Nouns		Verbs
-i	1st pers. sing	-ni
-ja	1st pers. sing	
	(when joined to a vowel ending)	
-ek/ok	2nd pers. sing	-ek/ok
-k	(when joined to a vowel ending)	-k
-u	3rd pers. sing masc.	-u
-h	(when joined to a vowel ending)	-h
-ha	1st pers. sing fem	-ha
-na	1st pers. pl	-na
-kom	2nd pers pl	-kom
-hom	3rd pers. pl	-hom

PRONOMINAL SUFFIXES WITH PREPOSITIONS

Some prepositions in Maltese *can* either stand alone or *can* have a pronominal suffix attached to them as shown in the following examples:

Lejn *towards*
It-tifel jiġri **lejn** l-omm. *The boy runs towards the mother.*
It-tifel jiġri **lejha**. *The boy runs towards her.*

Fuq *on/upon*
Marija sejra tmur **fuq** il-bejt għada. *Maria will go on the roof tomorrow.*

Marija sejra tmur **fuqu** għada. *Maria will go on it tomorrow.*

Ħdejn *near/by the side of*
Pierre jgħix **ħdejn** it-tabib Abela.
Pierre jgħix **ħdejh**.

Pierre lives near Dr Abela.
Pierre lives near him.

Fost *among*
Joe huwa l-kbir **fost** ħafna tfal.

Joe is the oldest among many siblings.

Joe huwa l-kbir **fosthom**.

Joe is the oldest among them.

Bħal *like*
Il-fjura hija sabiħa **bħat**-tifla.

The flower is as beautiful as the girl.

Il-fjura hija sabiħa **bħalha**.

The flower is as beautiful as her (the girl).

Mingħajr *without*
Marija hija **mingħajr** ir-raġel.

Maria is without the husband.

Marija hija **mingħajru**.

Maria is without him.

Taħt *under/beneath*
Il-kelb huwa **taħt** is-sodda.
Il-kelb huwa **taħtha**.

The dog is under the bed.
The dog is under it (the bed).

Bi *with* (this preposition can also be linked with the definite article l-)
Bil-flus tagħmel triq fil-baħar.

With money one can make (construct) a road in the sea (one can do anything if one has money).

Bihom tagħmel triq fil-baħar.

With it (money) one can make (construct) a road in the sea.

Għand *at the place of/ to*
Huma jagħmlu l-pastizzi **għand** il-ħbieb.

They make cheesecakes at their friends' (houses)

Huma jagħmlu l-pastizzi **għandhom**.

They make cheesecakes at their friends' (houses)

The prepositions **ma'** with and **ta'** of are irregular and are given below with the affixation of the pronominal suffixes. It is best to learn these prepositions and their pronominal suffixes as these are very often used in Maltese.

Ma' with

Miegħi	*with me*
Miegħek	*with you (sing)*
Miegħu	*with him*
Magħha	*with her*
Magħna	*with us*
Magħkom	*with you (pl)*
Magħhom	*with them*

Mario jmur l-iskola **ma'** Joe.   *Mario goes to school with Joe.*
Mario jmur l-iskola miegħu.   *Mario goes to school with him.*

Ta' *of*

Tiegħi	*mine*
Tiegħek	*yours (sing)*
Tiegħu	*his*
Tagħha	*hers*
Tagħna	*ours*
Tagħkom	*yours (pl)*
Tagħhom	*theirs*

Fil-ġnien **ta'** Marija hemm ħafna fjuri sbieħ.
In Maria's garden there are a lot of beautiful flowers.
Fil-ġnien tagħha hemm ħafna fjuri sbieħ.
In her garden there are a lot of beautiful flowers.

PRONOMINAL SUFFIXES WITH NOUNS

In Maltese there are some nouns to which may be added the pronominal suffixes. These nouns usually refer to parts of the body (head, ear, mouth) and to relationships such as close relatives. However, there are also a few other nouns which may have the suffix attached to them.

Nouns denoting Parts of the Body

Rasu hija kbira ħafna.	His head is very big.
Għajnek għandha infezzjoni.	Your (sing) eye has an infection.
Idi hija żgħira.	My hand is small.

Nouns denoting Relatives

Missieri jħobb l-Għid u l-Milied.	My father loves Easter and Christmas.
Huna u oħtna huma ferħanin.	Our brother and our sister are happy.
Ommi għandha paċenzja kbira.	Our mother is very patient.

Other Nouns

Xogħolhom hu diffiċli ħafna.	Their work is very difficult.
Darna hija żgħira iżda nadifa.	Our house is small but clean.
Ħajtu hija mimlija dwejjaq.	His life is full of sorrow.

SECTION A

Word List

infezzjoni (f), infezzjonijiet (pl)	infections
fuq	on
fost	among
mingħajr	without
għand	at the house of/at
paċenzja (f)	patience
xogħol (m), xogħlijiet (pl)	works
ħajja (f)	life
skola (f), skejjel (pl)	schoola
tal-ħaxix (m)	the grocer
tal-ħobż (m)	the baker
tal-pastizzi (m)	the cheesecakes maker
tal-ħelu (m)	the confectioner

Providenza (f)	*Providence*
tramuntana (f)	*north*
nofs in-nhar (m)	*south*
lvant (m)	*east*
punent (m)	*west*
għalqa (f), għelieqi (pl)	*fields*
speċjali (m & f, sing & pl)	*special*
mhux biss	*not only*
il-ħin	*the time*

Now try these exercises:

Exercise One

First translate the following words and then attach the pronominal suffixes to the following prepositions and nouns as shown in the following:

Mingħajr	*without*

Mingħajri	*without me*
Mingħajrek	*without you (sing)*
Mingħajru	*without him*
Mingħajrha	*without her*
Mingħajrna	*without us*
Mingħajrkom	*without you (pl)*
Mingħajrhom	*without them*

On; like; under; with; of; head; eye; hand; house; sister; mother; father.

Exercise Two

Express in Maltese:

1. Joe runs towards the house with Maria's dog.
2. The teacher will go to school with them (the children).
3. Our dresses are red like Maria's. Ours (dresses) are like hers.

4. The old man lives by the sea. His son lives with him.
5. The dog goes on the black box. The dog goes on it (the box).
6. The girl will have the book with her.

Exercise Three

Express in English:

1. Joe jiġri d-dar mal-kelb tiegħi.
2. L-għalliema sejra tmur l-iskola magħhom.
3. Il-libsa tagħha hija ħamra bħal tat-tfal.
4. Ix-xiħ jgħix ħdejn il-baħar mal-mara tiegħu u mat-tfal ta' oħtu.
5. It-tifla sejra jkollha l-ktieb magħha.
6. Agħti l-ktieb lil Joe.
7. In-nisa sejrin ikunu mingħajr flus dalwaqt.
8. Il-Malti huwa lingwa b'ħafna kliem Taljan u Ingliż.

SECTION B

Word List

ħandikappat (m,) ħandikappati (pl)	handicapped
kumpanija (f)	company
fil-fatt	in fact
daqs	size
ċkejken (m), ċkejkna (f), ċkejknin (pl)	small/young
kapitali (f)	capital
għalkemm	although
iżżejjed	too much
qaddis patrun (m)	patron saint
barra	outside
atmosfera (f)	atmosphere
tiżjin (pl)	decorations
fortunatament	fortunately
sfortunatament	unfortunately
favorit (m), favorita (f), favoriti (pl)	favourite
murtal (m), murtali (pl)	petards
ħdura (f)	greenery

biex	*in order to*
temp	*weather*
kullimkien	*everywhere*
ħaġa	*thing*
paċi	*peace*
poplu	*people*
kulħadd	*everyone*
ħoss (m), ħsejjes (pl)	*sounds*
bżonn (m), bżonnijiet (pl)	*need*
kif ukoll	*as well*

<u>Verbi</u>	<u>Verbs</u>
mar	*to go*
mur (sing); morru (pl)	*go!*
gawda	*to enjoy*
gawdi (sing); gawdu(pl)	*enjoy!*
qaleb	*to turn/change*
aqleb (sing); aqilbu (pl)	*turn/change!*
seta'	*to be able*
ista' (sing); istgħu (pl)	*be able!*
qal	*to say*
għid (sing); għidu (pl)	*say!*
daqq	*to play (an instrument)*
doqq (sing); doqqu (pl)	*play!*
ġab	*to bring*
ġib (sing); ġibu (pl)	*bring!*
ħaseb	*to think*
aħseb (sing); aħsbu (pl)	*think!*

Exercise Four

First express in English and then answer in Maltese the questions set:

Ir-Rebbiegħa f'Malta

Wieħed mill-istaġuni tas-sena huwa r-rebbiegħa u għal ħafna Maltin dan huwa l-istaġun favorit tagħhom.

F'dan l-istaġun it-tfal għandhom il-vaganzi ta' l-Għid u għalhekk għandhom il-ħin kollu biex igawdu n-natura meta jmorru f'xi għalqa biex jaraw il-ħdura u l-fjuri bil-kuluri sbieħ tagħhom bħal: aħmar, isfar, aħdar, ikħal, abjad u kannella.

Sfortunatament, l-istaġun tar-rebbiegħa mhux twil f'Malta għax wara x-xahar ta' April, it-temp jinbidel, u l-arja tisħon u malajr jiġi s-sajf.

(a) Liema staġun huwa l-favorit ta' ħafna Maltin?
(b) Liema vaganzi jkollhom t-tfal fir-rebbiegħa?
(c) Kif igawdu l-Maltin in-natura?

Exercise Five

First translate into English and then answer in Maltese the questions set:

Il-Knejjes Maltin

Malta għandha ħafna knejjes kbar u sbieħ. Fil-fatt, għad-daqs tagħha, tista' tgħid li f'kull raħal hemm knisja sabiħa u li għandha storja twila.

Fost il-knejjes sbieħ għandna l-katidral fil-belt qadima u kwieta ta' l-Imdina, kif ukoll il-knisja ta' San Ġwann fil-belt kapitali ta' Malta, Valletta.

Il-poplu Malti hu wieħed li jħobb iżejjen il-knejjes tiegħu, għalkemm xi drabi naħseb li jżejnu ftit iżżejjed.

Fis-sajf ikun hemm il-festi tradizzjonali tal-qaddis patrun tal-knisja tar-raħal jew tal-belt. F'jum il-festa, il-knisja jkollha ħafna nies minn barra r-raħal biex igawdu l-atmosfera ferrieħa kif ukoll it-tiżjin.

Sfortunatament, f'dawn il-festi jkun hemm wisq storbju mhux tal-banda li ddoqq marċi ferrieħa, iżda tal-murtali qawwija li jinstemgħu tista' tgħid minn kullimkien. Għalkemm hi ħaġa sabiħa li wieħed igawdi l-festa tal-patrun tar-raħal tiegħu, imma hemm bżonn wieħed jiftakar li mhux kulħadd iħobb il-murtali qawwija. Ix-xjuħ u l-morda għandhom bżonn il-paċi u l-kwiet u ħafna drabi t-tfal żgħar jibżgħu mill-ħsejjes tal-murtali. Għalihom, il-murtali huma tal-biża' u mhux ta' ferħ.

(a) X'jagħmel il-festa tar-raħal sabiħa?
(b) X'hemm fil-festi li jdejqu lit-tfal u lix-xjuħ?

Exercise Six

Express in English:

Id-Dar tal-Providenza

Ir-raħal żgħir u kwiet tas-Siġġiewi huwa fin-nofs in-nhar tal-gżira ta' Malta.

Ħafna nies jafu b'dan ir-raħal għal dawn ir-raġunijiet: (i) is-Siġġiewi għandu ħafna għelieqi u siġar kbar u għalhekk, il-Maltin imorru hemmhekk biex igawdu n-natura; (ii) f'dan ir-raħal hemm post speċjali – id-Dar tal-Providenza. Fiha jgħixu nies li għandhom bżonnijiet speċjali. Hemm bżonn ħafna flus għal din id-dar.

Il-poplu Malti hu wieħed ġeneruż u qalbu tajba. Għaldaqstant, il-Maltin jagħtu ħafna flus. Iżda n-nies jagħtu mhux biss il-flus, imma wkoll il-ħin tagħhom billi jgħinu lill-ħandikappati bil-kumpanija tagħhom.

65

Lesson Twelve

Numbers and How to Tell the Time

NUMBERS

The cardinal numbers in Maltese undergo some changes when they are followed by a noun. Although in Section B of Lesson Four the numbers from 1 to 12 were listed, yet no explanation was given as regards the changes these numbers undergo when followed by a noun. The following cardinal numbers (1–20) do not precede nouns.

The Cardinal Numbers

1	wieħed	11	ħdax
2	tnejn	12	tnax
3	tlieta	13	tlettax
4	erbgħa	14	erbatax
5	ħamsa	15	ħmistax
6	sitta	16	sittax
7	sebgħa	17	sbatax
8	tmienja	18	tmintax
9	disgħa	19	dsatax
10	għaxra	20	għoxrin

Some of the cardinal numbers undergo minor changes when followed by a noun. Moreover, all the nouns following the numbers (2-10) are in the plural as in the following examples:

A monosyllabic noun	A polysyllabic noun
1 wieħed (m), waħda (f)	wieħed (m), waħda (f)
2. żewġt	żewġ
3 tlett	tliet
4 erbat	erba'
5 ħamest	ħames

6	sitt	sitt
7	sebat	seba'
8	tmint	tmien
9	disat	disa'
10	għaxart	għaxar

The numbers **11–19** remain the same when followed by either monosyllabic and/or polysyllabic nouns. It is also important to note that: (i) the number is followed by **-il** and (ii) the noun which follows is in the singular and not in the plural as for the numbers **2–10**:

e.g. ħdax-il siġra (sing)	*11 trees*
e.g. ħames siġġijiet (pl)	*5 chairs*

11	ħdax-il mara	eleven women
12	tnax-il tifel	twelve boys
13	tlettax-il kelb	thirteen dogs
14	erbatax-il dar	fourteen houses
15	ħmistax-il sodda	fifteen beds
16	sittax-il raġel	sixteen men
17	sbatax-il mejda	seventeen tables
18	tmintax-il pultruna	eighteen armchairs
19	dsatax-il ġnien	nineteen gardens

The following are other commonly used cardinal numbers:

20	għoxrin
21	wieħed u għoxrin
22	tnejn u għoxrin
23	tlieta u għoxrin
24	erbgħa u għoxrin
25	ħamsa u għoxrin
26	sitta u għoxrin
27	sebgħa u għoxrin
28	tmienja u għoxrin
29	disgħa u għoxrin
30	tletin
31	wieħed u tletin
40	erbgħin

50	ħamsin
60	sittin
70	sebgħin
80	tmenin
90	disgħin
100	mija
101	mija u wieħed
102	mija u tnejn
103	mija u tlieta
1000	elf
1,000,000	miljun
500,000	nofs miljun (half a million)
250,000	kwart ta' miljun (a quarter of a million)

To sum up it is important to note that :

(i)   From **2–10** the noun that follows is in the **plural**;
      e.g. sitt iqtates   *6 cats*

(ii) From **11–19** the noun that follows is in the **singular**;
      e.g. tnax-il ġnien   *12 gardens*

(iii) From **20–101** the noun that follows is in the **singular**;
      e.g. ħamsa u ħamsin mara   *55 women*

(iv) From **102–110** the noun that follows is in the **plural**;
      e.g. mija u tliet siġġijiet   *103 chairs*

(v)   From **111–119** the noun that follows is in the **singular**;
      e.g. mija u tmintax-il tifel   *118 boys*

How to Tell the Time

Once you know the cardinal numbers it is not at all difficult to learn how to go about telling the time in Maltese. In response to the question **X'ħin huwa?** *What time is it? (What is the time?),* the answer may be for example: **is-sitta** *six o'clock.*

The first thing that one should notice about the Maltese answer is that there is *no equivalent* for the English word *o'clock.*

Knowing the numbers from 1 to 60 will enable you to tell the time.

is-siegħa	one o'clock
is-sagħtejn	two o'clock
it-tlieta	three o'clock
l-erbgħa	four o'clock
il-ħamsa	five o'clock
is-sitta	six o'clock
is-sebgħa	seven o'clock
it-tmienja	eight o'clock
id-disgħa	nine o'clock
l-għaxra	ten o'clock
il-ħdax	eleven o'clock
nofs in-nhar	noon; mid-day
nofs il-lejl	twelve o'clock; midnight

From the above it is evident that the only numbers which differ from the cardinal numbers are: is-siegħa *one o'clock*; is-sagħtejn *two o'clock*; nofs in-nhar *noon*; nofs il-lejl *twelve o'clock/ midnight*. In Maltese for times before noon we say <u>filgħodu</u> (in the morning); for times after noon, we say <u>wara nofs in-nhar</u> (in the afternoon) and we say <u>filgħaxija</u> when it is after 6 p.m.

e.g. is-siegħa ta' filgħodu	1 a.m.
e.g is-sagħtejn ta' wara nofs in-nhar	2 p.m.
e.g. nofs in-nhar	12.00 noon
e.g. nofs il-lejl	24.00 midnight
e.g. l-għaxra u għaxra	ten minutes past ten o'clock (10.10)
e.g. l-għaxra neqsin għaxra	ten minutes to ten o'clock (9.50)

Learn this table:

sittin sekonda jagħmlu minuta	60 seconds make a minute
sittin minuta jagħmlu siegħa	60 minutes make an hour
erbgħa u għoxrin siegħa jagħmlu ġurnata	24 hours make a day
sebat ijiem jagħmlu ġimgħa	7 days make a week
erba' ġimgħat jagħmlu xahar	4 weeks make one month
tnax-il xahar jagħmlu sena	12 months make one year

69

SECTION A

Word List

għoxrin	*twenty*
tletin	*thirty*
erbgħin	*forty*
ħamsin	*fifty*
sittin	*sixty*
sebgħin	*seventy*
tmenin	*eighty*
disgħin	*ninety*
mija	*hundred*
elf (m), eluf (pl)	*thousands*
miljun (m), miljuni (pl)	*millions*
nofs miljun	*half a million*
kwart ta' miljun	*a quarter of a million*

Verbi	Verbs
kiber	*to grow up*
ikber (sing); ikbru(pl)	*grow up!*
studja	*to study*
studja (sing); studjaw (pl)	*study!*
għallem	*to teach*
għallem (sing); għallmu (pl)	*teach!*
kien	*to be*
kun (sing); kunu (pl)	*be!*
emmen	*to believe*
emmen (sing); emmnu (pl)	*believe!*
investa	*to invest*
investi (sing); investu (pl)	*invest!*
nesa	*to forget*
insa (sing); insew (pl)	*forget!*

70

organizza	*to organise*
organizza (sing); organizzaw (pl)	*organise!*
biegħ	*to sell*
biegħ (sing); biegħu (pl)	*sell!*

Exercise One

Express in Maltese:

75 chairs; 121 dogs; 5 tomatoes; 7 tables; half a kilo zucchini; a kilo oranges; 18 cats; 45 pounds (currency); half a million pounds; one quarter of a million Italians; 103 rabbits.

Exercise Two

Express in Maltese:

1. Carmen and Charles have two children, while Maria and Joe have seven.
2. There are five trees near the old tree in the small village.
3. The grocer does not have a kilo oranges and half a kilo pears.
4. The two women go to (the) church.
5. The confectioner has a lot of sugared almonds and chocolate.
6. There are three tailors, eleven teachers, nine architects, two pharmacists and a doctor in the large village.
7. I shall go to the old woman next week.

SECTION B

Word List

sekonda (f), sekondi (pl)	*seconds*
minuta (f), minuti (pl)	*minutes*
siegħa (f), sigħat (pl)	*hours*
ġurnata (f), ġranet (pl)	*days*
filgħodu	*(in the) morning*
nofs il-lejl	*midnight*
nofs in-nhar	*noon/twelve o'clock*

il-ħin	*the time*
x'ħin huwa	*what is the time?*
u kwart	*quarter past*
u nofs	*half past*
brinġiela (f), brinġiel (pl)	*aubergines*
neqsin	*to (the hour)*
kilo (m), kilojiet (pl)	*kilo/s*
nofs kilo	*half a kilo*
metru (m), metri (pl)	*metres*
tużżana	*one dozen*
bajda (f), bajd (pl)	*eggs*
tadama (f), tadam (pl)	*tomatoes*
miljun (m), miljuni (pl)	*millions*
qargħabagħlija (f), qargħabagħli (pl)	*marrows*
fażola (sing & pl)	*beans*
ħjara (f), ħjar (pl)	*cucumbers*
lira (f), liri (pl)	*pounds (currency)*
madwar	*about*
fakultà (f), fakultajiet (pl)	*faculties*
ixxurtjat	*lucky*
dedikat	*dedicated*
dipendenti	*dependent*
indipendenti	*independent*
ġenitur (m & f), ġenituri (pl)	*parents*
investiment (m), investimenti (pl)	*investments*
edukazzjoni (f)	*education*
tajjeb/aqwa/l-aqwa	*good/better/best*
'il quddiem	*in front*
popolazzjoni	*population*
maqrut (m), imqaret (pl)	*date slices*
bżonn	*need*
it-tfal tat-tfal	*the grand-children*
b'hekk	*in this way*
immigrazzjoni (f)	*migration*
lingwa (f), lingwi (pl)	*languages*

Exercise Three

Answer in Maltese the following questions as in the following example:

e.g. How many minutes are there in half an hour? Tletin minuta.

1. How many months are there in one year?
2. How many days are there in a week?
3. How many minutes are there in a quarter of an hour?
4. How many hours are there in one day?
5. How many minutes are there in half an hour?
6. How many months are there in two years?

Exercise Four

Write the time in Maltese:

e.g. 5.45 a.m.   is-sitta neqsin kwart ta' filgħodu

4.00 pm; 9.00 pm; 2.00 am; 3.30 pm; 6.15 pm; 11.30 pm; 1.30 pm; 7.50 am.

Exercise Five

Express in English:

L-Università ta' Malta

L-Università ta' Malta għandha erba' mitt sena. Hija waħda mill-eqdem universitajiet fil-Commonwealth.

L-Università tikber minn sena għal oħra. Tnax-il sena ilu kien hemm biss madwar tmien mitt student jistudja, filwaqt li issa hemm xi ħamest elef student. Hemm numru kbir ta' studenti nisa li jistudjaw il-mediċina, il-farmaċija, ix-xjenza, u hemm ukoll dawk li jistudjaw biex isiru inġiniera.

Il-fakultajiet ta' l-Arti, l-Edukazzjoni u Liġi huma kbar u l-istudenti f'dawn il-fakultajiet jistudjaw ħafna għax hemm kompetizzjoni kbira.

L-istudenti Maltin u Għawdxin huma xxurtjati ħafna mhux biss għax għandhom professuri bravi biex jgħallmuhom, iżda wkoll għax l-Università hi b'xejn u l-istudenti għandhom stipendju kull xahar biex jixtru l-kotba u biex ma jkunux dipendenti fuq il-ġenituri tagħhom.

Il-poplu Malti jinvesti ħafna flus fuq dawn iż-żgħażagħ għax jemmen li l-investiment fl-edukazzjoni hu l-aqwa investiment f'pajjiż li jħares 'il quddiem!

Exercise Six

Express in English:

L-Immigrazzjoni

Il-popolazzjoni ta' Malta u tal-gżira ta' ħdejha, Għawdex, hi ta' anqas minn nofs miljun. Għaldaqstant, hemm ħafna Maltin u Għawdxin li jgħixu l-Awstalja, l-Amerika, il-Kanada u l-Ingilterra.

Għalkemm dawn l-emigranti ma jgħixux f'pajjiżhom, iżda huma qatt ma jinsew lil Malta. L-emigranti huma kburin bil-kultura Maltija u għalhekk jorganizzaw festi tradizzjonali Maltin bħall-Karnival, il-festa ta' San Pawl, il-Milied u l-Għid.

L-attivitajiet kulturali Maltin huma mportanti biex iżommu l-kultura ħajja, iżda hemm bżonn li l-lingwa Maltija jitkellmuha mhux biss ix-xjuħ iżda wkoll it-tfal tagħhom u t-tfal tat-tfal. B'hekk, il-kultura Maltija tkun b'saħħitha, għax hija l-lingwa Maltija dik li tagħtina l-identità tagħna.

APPENDICES

KEY TO EXERCISES

LESSON ONE

Exercise One

1.	Żunżana	zebra
2.	Ċavetta	cheese
3.	Zija	bits
4.	Ġnien	justice
5.	Hobża	horse
6.	Għasfur	dough
7.	Grazzi	good
8.	Huwa	heir
9.	Ħalib	ham
10.	Ziju	kits
11.	Hena	honour
12.	Gżira	gold
13.	Żarbun	zodiac

Exercise Two

1. Għ; h.
2. Ċ; ġ; ħ; q; x; z; ż
3. b; d; f; g; j; k; l; m; n; p; r; s; t; v; w.

Exercise Three

1.	Zokkor	bits
2.	Ċurkett	child
3.	Żejt	zebra
4.	Gallarija	girl
5.	Ħanut	house
6.	Għax	though
7.	Xagħar	shoe
8.	Ġurnata	job
9.	Ħu	hair
10	Jew	yellow

Exercise Four

Għasfur *a bird*; jiena *I*; mara *a woman/wife*; tifla *a girl*; pastizz *a cheesecake*; karozza *a car*; lanġasa *a pear*; nannu *a grandfather*; periklu *danger*; pultruna *an armchair*; siġġu *a chair*; bieb *a door*; issa *now*; pranzu *a supper/dinner*; fenek *a rabbit*; festa *a feast*; għada *tomorrow*; għax *because*; libsa *a dress*; le *no*; mejda *a table*; malajr *soon/quickly*; nanna *a grandmother*; ziju *an uncle*; qalb *a heart*; sodda *a bed*; ras *a head*; sena *a year*; ritratt *a photo*; vaganza *a holiday*.

LESSON TWO

Exercise One

1. Aħmar   father
2. Omm   on
3. Id   sheep
4. Ukoll   butcher
5. Elf   sell
6. Bieb   sheet
7. Ilma   bill

Exercise Two

1. Luminata put
2. Kif   leak
3. Ġnien   seat
4. Roża   over
5. Mediċina let
6. Arja   car

Exercise Three

Yellow *isfar*; sky *sema*; cold *kiesaħ*; yes *iva*; how *kif*; supper/dinner *pranzu*; bucket/pail *barmil*; doll *pupa*; lemonade *luminata*; pocket *but*; air *arja*; post *posta*; water *ilma*; crib *presepju*; turkey *dundjan*; happiness *hena*.

Exercise Four

Ċavetta *a key*; bieb *a door*; dan *this*; fjura *a flower*; ċurkett *a ring*; ċikkulata *a chocolate*; ġurnata *a day*; għasfur *a bird*; għax *because*; ħu *brother*; ħalib *milk*; gżira *an island*; grazzi *thank you*; karozza *a car*; missier *a father*; qattus *a cat*; raġel *a man/husband*; ziju *an uncle*; tifel *a boy/son*.

LESSON THREE

Exercise One

1. Tiegħi   n<u>i</u>ce
2. Qawsalla   n<u>ow</u>
3. Miegħu   kn<u>ow</u>
4. Kewkba   s<u>ew</u>
5. Tiegħi   d<u>ay</u>

Exercise Two

A garden *ġnien*; he *hu/huwa*; January *Jannar*; a room *kamra*; a dog *kelb*; a bird *għasfur*; a mouse *ġurdien*; a flower *fjura*; this *dan*; a chocolate *ċikkulata*; a brother *ħu*; because *għax*; I *jiena*; oil *żejt*; sun *xemx*; valley *wied*; shoe *żarbuna*; a chair *siġġu*; a table *mejda*; bed *sodda*; a girl/daughter *tifla*; hair *xagħar*; a knife *sikkina*; an ear *widna*; rain *xita*; a grandfather *nannu*; a heart *qalb*; sugar *zokkor*; a bee *żunżana*.

Exercise Three

Iva *yes*; ferħ *happiness*; pranzu *a dinner/supper*; mediċina *a medicine*; kif *how*; isfar *yellow*; eżempju *example*; aħmar *red*; luminata *a lemonade*; bajda *an egg*; tiegħi *mine*; tiegħu *his*; fejn *where*; dgħajsa *a boat*; għuda *a wood*; mija *a hundred*; dija *brightness*; kewkba *a star*; qawsalla *a rainbow*.

LESSON FOUR

Exercise One

A vase *važun*; a table *mejda*; a chair *siġġu*; a garden *ġnien*; a bee *żunżana*; a sea *baħar*; a key *ċavetta*; a boat *dgħajsa*; a flower *fjura*; yellow *isfar*; red *aħmar*; a bird *għasfur*; a shop *ħanut*; a fire *nar*; a man/husband *raġel*; sugar *zokkor*; oil *żejt*; an ear *widna*; a girl/daughter *tifla*; a bed *sodda*.

Exercise Two

1. Bħal; għal; ta'; ma'; fi; bi; fuq.
2. Quddiem; wara; taħt; ħdejn; lejn.
3. The definite article assimilates itself with these sounds.

Exercise Three

Għal vaganza *for a holiday*; fuq il-lumija *on the lemon*; taħt iċ-ċavetta *under the key*; bejn in-nies *between/among the people*; maz-zija *with the aunt*; fuq is-siġġu *on the chair*; tat-tifel *of the boy/the boy's*; bħal qawsalla *like a rainbow*; fil-karozza *in the car*; għar-raġel *for the man/husband*; wara l-važun *behind the vase*; quddiem iz-ziju *in front of the uncle*; bejn is-sodda u s-siġġu *between the bed and the chair*; ta' tifla *of a girl/daughter or a girl's/ a daughter's*; il-kelb u l-qattus *the dog and the cat*; il-but tat-tifel *the boy's pocket*; il-Ġimgħa, is-Sibt, il-Ħadd u t-Tnejn *Friday, Saturday, Sunday and Monday*.

Exercise Four

Near Maria's chair *ħdejn is-siġġu ta' Marija*; under the table *taħt il-mejda*; in the woman's/wife's car *fil-karozza tal-mara*; with Joe *ma'Joe*; towards the door *lejn il-bieb*; between the cat and the dog *bejn il-qattus u l-kelb*; in Carmen's family *fil-familja ta' Carmen*; for a boy/son *għal tifel*; in the father's pocket *fil-but tal-missier*; the first cat *l-ewwel qattus*; 5 and 10 *ħamsa u għaxra*; 1 and 6 *wieħed u sitta*; the third man/husband *it-tielet raġel*; the tenth woman *l-għaxar mara*.

Exercise Five

1. tlieta u erbgħa = sebgħa
2. wieħed u tnejn u sitta = disgħa
3. ħamsa u sebgħa = tnax
4. tmienja u tlieta = ħdax
5. għaxra u tnejn = tnax

LESSON FIVE

Exercise One

1. Maria has a house in the countryside.
2. Mario has a cat, a dog and a duck in his garden.
3. The mother and the father are on the grandmother's roof.
4. Carmen's daughter has a big box under the bed.
5. The grandfather's pipe is on the kitchen table.
6. Maria's husband is right.
7. How are you today? Fine thank you.
8. Who is that boy? He is Francesco's cousin.
9. Where is Pan? He is in Mario's sitting room.

Exercise Two

1. It-tifel hu wara s-siġġu.
2. Il-kelb hu fuq il-bejt.
3. Carmen u Francesco għandhom kelb u qattus fir-razzett.
4. X'għandu Sean? Xejn.
5. Jiena għandi l-ġuħ u huma għandhom l-għatx.
6. Aħna għandna tort u inti għandek raġun.
7. Fejn hi Marija? Hija fil-kamra tal-pranzu mat-tifel ta' Pan.
8. Min hu Francis? Hu t-tifel ta' George u Simone u l-kuġin ta' Francesco u Carmen.
9. X'għandha l-omm fuq is-siġġu? Għandha larinġa u lumija.
10. Kemm għandek flus fil-bank? Ftit.

11. Ix-xhur tas-sena huma: Jannar, Frar, Marzu, April, Mejju, Ġunju, Lulju, Awissu, Settembru, Ottubru, Novembru u Diċembru.
12. Il-ġranet tal-ġimgħa huma sebgħa: it-Tnejn, it-Tlieta, l-Erbgħa, il-Ħamis, il-Ġimgħa, is-Sibt u l-Ħadd.
13. *Mario:* X'hemm, l-għodwa t-tajba, Pan. Kif int?
   Pan: Tajjeb grazzi u int?
   Mario: Hekk u hekk, bħal xiħ.
   Pan: Saħħa Mario.
   Mario: Is-sliem Pan.
   Pan: Narak!

LESSON SIX

Exercise One

1. The woman/wife	F/a
2. The bitch	F/a
3. The chair	M/ u
4. The problem	F/a
5. The face	M/consonant
6 The water	M/exception
7. The sky	M/exception
8. The lawyer	M/consonant
9. The tailor	M/consonant
10. God	M/exception
11. The rainbow	F/a
12. The hospital	M/consonant
13. The doctor (f)	F/a

Exercise Two

Ix-xemx (f) *the sun*; iż-żejt (m) *oil*; it-tazza (f) *the glass*; il-pjazza (f) *the square*; il-lumija (f) *the lemon*; il-knisja (f) *the church*; id-dar (f) *the house*; in-nar (m) *the fire*; il-belt (f) *the town*; il-libsa (f) *the dress*; il-lampa (f) *the lamp*; il-ħalib (m) *the milk*; il-librerija (f) *the bookcase/library*; l-imgħarfa (f) *the spoon*; il-platt (m) *the plate*.

Exercise Three

Id-dentist (m) *dentist* id-dentista; il-kelb (m) *the dog* il-kelba; it-tabib (m) *the doctor* it-tabiba; il-ħajjat (m) *tailor* il-ħajjata; l-għalliem (m) *the teacher* l-għalliema; il-qattus (m) *the tom-cat* il-qattusa; il-perit (m) *the architect* il-perit; il-kittieb (m) *the writer* il-kittieba; l-ispiżjar (m) *the pharmacist* l-ispiżjara.

Exercise Four

Raġel qasir *a short man*; tifel kwiet *a quiet boy*; sema sabiħ *a beautiful sky*; mara ħoxna *a fat woman*; karozza żgħira *a small car*; tifel qasir *a short boy*; mara bieżla *an industrious woman*; tifla samra *a dark girl*; kċina maħmuġa *a dirty kitchen*; kamra tal-banju nadifa *a clean bathroom*; kuġin għażżien *a lazy cousin*.

Exercise Five

It-tifla ż-żgħira *the small girl*; it-tifel il-mistħi *the shy boy*; it-tifla l-kwieta *the quiet girl*; ir-raġel is-sabiħ *the handsome man*; il-kelb il-maħmuġ *the dirty dog*; the good orange *il-larinġa t-tajba*; il-familja s-sinjura *the wealthy family*.

Exercise Six

Taljana *Italian*; mistħija *shy*; tifla *girl*; Torka *Turk*; Maltija *Maltese*; Franċiża *French*; Kanadiża *Canadian*; Għawdxija *Gozitan*; Awstraljana *Australian*; Ċiprijotta *Cypriot*; Griega *Greek*; Ġermaniża *German*; Għarbija *Arab*.

Exercise Seven

1. Maria's husband is fat and tall.
2. Who are Maria and Francis? They are Joe's children.
3. Sean is the young son of the Fenech family.
4. Mario is tall and handsome like Maria's uncle.
5. Pan and Mario are hungry and thirsty.
6. The old man and the tall woman are right.
7. Carmen Maria is only one year old and is Francesco's sister.

8. The beautiful house has a big dining room, a bedroom, a small kitchen, a bathroom and a big garden.
9. The Maltese girl and the Japanese boy are in the poor man's small house.
10. How much money do the woman and the man of the poor family have? A little.

Exercise Eight

1. Il-Griega, it-Taljan, il-Ġermaniża u l-Malti huma fis-salott ma' nies oħra.
2. Fir-raħal hemm pjazza kbira u siġra żgħira.
3. L-ilsien tat-tifel l-Amerikan hu l-Ingliż.
4. Joe hu raġel għani imma hu ġeneruż mat-tifel il-fqir.
5. Il-mara s-sabiħa għandha raġel għażżien u tifla bieżla.
6. Il-Kanadiż it-twil hu bjond, dħuli u ferħan.
7. Il-problema ta' Marija hija ġdida.
8. Fil-librerija hemm lampa kbira u tazza maħmuġa.
9. L-isptar il-qadim hu żgħir iżda nadif.
10. L-għarus u l-għarusa huma hawn.

LESSON SEVEN

Exercise One

Tfal maħmuġin *dirty children*; nisa ndaf *clean women*; nanniet xjuħ *old grandparents*; rġiel twal *tall men*; tfal għaqlin *wise children*; frieket qodma *old forks*; kuċċarini ndaf *clean teaspoons*; spallejn kbar *big shoulders*; widnejn żgħar *small ears*; tfal għażżenin *lazy children*; Maltin għaqlin *wise Maltese*; missirijiet kwieti *quiet fathers*; rġiel tajbin *good men*.

Exercise Two

1. Iz-zijiet huma fil-gonna ż-żgħar mat-tfal il-kwieti. *The uncles and the aunts are in the small gardens with the quiet children.*

2. In-nanniet huma fid-djar taz-zijiet. *The grandparents are in the uncles' and aunts' houses.*

3. Iż-żwiemel u l-ħmir huma fl-irziezet il-kbar tan-nanniet. *The horses and the donkeys are in the grandparents' big farm-houses.*

4. Il-qtates u l-klieb huma fuq il-bjut tar-raħlin. *The cats and dogs are on the villagers' roofs.*

5. Il-bnadar tal-pajjiżi għandhom ħafna kuluri. *The countries' flags have many colours.*

Exercise Three

1. In-nannu hu ma' mara xiħa fid-dar il-kbira.
2. It-tifel u t-tifla huma fuq is-siġġu.
3. Iz-ziju l-għaref hu fuq is-sodda ż-żgħira.
4. Il-Karnival u l-Għid huma festi kbar.
5. Iż-żwiemel u l-ħmir huma fil-ġnien il-kbir mat-tfal.
6. Fir-razzett hemm żwiemel, ħmir, qtates kbar u klieb żgħar.
7. Fuq l-imwejjed hemm frieket, skieken u mgħaref.
8. Ir-raħħala għandhom fniek u klieb fil-pjazza.
9. Il-knejjes f'Malta huma qodma iżda sbieħ.

LESSON EIGHT

Exercise One

Taħsel *to wash*

Jiena naħsel, inti taħsel, huwa jaħsel, hija taħsel, aħna naħslu, intom taħslu, huma jaħslu.

Ħabb *to love*

Jiena nħobb, inti tħobb, huwa jħobb, hija tħobb, aħna nħobbu, intom tħobbu, huma jħobbu.

Ħadem *to work*

Jien naħdem, inti taħdem, huwa jaħdem, hija taħdem, aħna naħdmu, intom taħdmu, huma jaħdmu.

Għamel *to do/to make*

Jiena nagħmel, inti tagħmel, huwa jagħmel, hija tagħmel, aħna nagħmlu, intom tagħmlu, huma jagħmlu.

Ta *to give*

Jiena nagħti, inti tagħti, huwa jagħti, hija tagħti, aħna nagħtu, intom tagħtu, huma jagħtu.

Fehem *to understand*

Jiena nifhem, inti tifhem, huwa jifhem, hija tifhem, aħna nifhmu, intom tifhmu, huma jifhmu.

Kines *to sweep*

Jiena niknes, inti tiknes, huwa jiknes, hija tiknes, aħna nikinsu, intom tikinsu, huma jikinsu.

Xtara *to buy*

Jiena nixtri, inti tixtri, huwa jixtri, hija tixtri, aħna nixtru, intom tixtru, huma jixtru.

Exercise Two

1. <u>Hija</u> taqra ħafna kotba. *She reads many/a lot of books.*
2. <u>Aħna</u> niżfnu fil-pjazza. *We dance in the square.*
3. <u>Huma</u> jagħmlu ħafna storbju. *They make a lot of noise.*
4. <u>Jiena</u> nixtri ħafna larinġ. *I buy many oranges.*
5. <u>Huwa</u> jħobb is-siġar il-kbar. *He loves the big trees.*
6. <u>Hija</u> tpoġġi s-siġġijiet fil-kamra tal-banju. *She puts the chairs in the bathroom.*
7. <u>Aħna</u> naħdmu kuljum. *We work every day.*
8. <u>Jiena</u> nsajjar kull nhar ta' Sibt. *I cook every Saturday.*
9. <u>Huwa</u> jisraq ħafna flus. *He steals a lot of money.*
10. <u>Aħna</u> naghtu ħafna larinġ u langas. *We give a lot of oranges and pears.*
11. <u>Huma</u> jħobbu l-klieb u l-qtates. *They love the dogs and the cats.*
12. <u>Aħna</u> nifhmu l-lezzjoni tal-Malti. *We understand the Maltese lesson.*

Exercise Three

1. Huwa jaħdem (ħadem). 2. Hija tħobb (ħabb). 3. Inti tisraq (seraq). 4. Aħna nilbsu (libes). 5. Intom issajru (sajjar). 6. Jiena nixtri (xtara). 7. Huma jilagħbu (lagħab). 8. Marija u Mario jagħtu (ta). 9. It-tfal jifhmu (fehem). 10. Il-kelb jiġri (ġera). 12. In-nisa jpoġġu (poġġa). 13. Intom tagħmlu (għamel).

Exercise Four

1. The seasons of the year are four: spring, summer, autumn, winter.
2. The colours that I love/like are eight: black, green, brown, pink, blue, white, gray and yellow.
3. The Italian flag is green, white and red.
4. The red dress is dirty.
5. The clean boy is sturdy.
6. A Greek woman is a beautiful woman.
7. The wise old man is near the shy woman.
8. The big tree is very beautiful.
9. Simone loves a big garden with flowers.
10. While Mario is the eldest son of the Borg family, Maria is the youngest daughter of the Fenech family.

Exercise Five

1. Kull ġimgħa t-tifel jaqra ktieb.
2. Marija ssajjar pranzu għat-tfal.
3. Ir-raġel ta' Simone hu qawwi ħafna u twil.
4. Kuljum, it-tfal jieklu ħafna ħelu.
5. It-tifla s-sabiħa tilbes il-libsa l-ħamra.
6. Jiena nħobb il-Milied u l-Għid.
7. Jiena għandi kelb kannella u qattus iswed.
8. L-erba' staġuni huma: ir-rebbiegħa, is-sajf, il-ħarifa u x-xitwa.
9. Kull filgħaxija, Marija u Joe jiżfnu flimkien.
10. Huma għandhom dar kbira bi ġnien sabiħ.
11. Kull nhar ta' Tnejn, Pan jixtri larinġ, karrotti, u lanġas.
12. Kull xahar Carmen taħsel is-siġġu l-qadim fil-kċina.

Exercise Six

1. Il-bandiera Maltija hija ħamra u bajda.
2. Francesco Pio u Carmen huma fil-ġnien tan-nannu.
3. Filwaqt li Diċembru huwa xahar kiesaħ, Lulju hu sħun ħafna.
4. Sean huwa tifel kwiet u wkoll mistħi.
5. Student Kanadiż huwa studjuż u għaref.
6. Francis għandu karozza kbira, filwaqt li jiena għandi kelb żgħir u qattusa kbira.
7. L-omm u l-missier għandhom il-ġuħ u l-għatx.
8. It-tifel u t-tifla għandhom raġun.

LESSON NINE

Exercise One

1. Hija m'għandhiex tifla u tifel. *She does not have a son and a daughter.*
2. Aħna ma niġrux lejn il-baħar. *We do not run towards the sea.*
3. Jiena m'iniex mara bjonda u twila. *I am not a blond and tall woman.*
4. Huwa m'għandux dar sabiħa bi ġnien kbir. *He does not have a beautiful house with a big garden.*
5. Hija m'hijiex spiżjara anzjana u għarfa. *She is not an elderly and wise pharmacist.*
6. M'humiex nisa tajbin. *They are not good women.*
7. Inti m'għandekx ħafna ġuħ u għatx. *You are not very hungry and thirsty.*
8. It-tfal ma fehmux il-lezzjoni tal-Malti. *The children did not understand the Maltese lesson.*
9. Marija u Mario m'humiex fil-kamra tal-pranzu mat-tfal. *Maria and Mario are not in the dining room with the children.*
10. Pierre ma jixtrix ħafna larinġ u langas. *Pierre does not buy a lot of fruit and sweets.*
11. It-tfal ma jagħmlux ħafna storbju meta huma jilagħbu l-futbol fit-triq. *The children do not make a lot of noise when they play footbal in the street.*

Exercise Two

1. Inti tiżfen tajjeb ħafna. *You dance very well.*
2. Huma jħobbu lill-qtates u l-klieb. *They love the cats and dogs.*
3. It-tfal jiġru fir-razzett tan-nanniet. *The children run in the grandparents' farmhouse.*
4. Marija tixtri libsa twila. *Maria buys a long dress.*
5. Jiena nikteb ktieb dwar l-istorja ta' Malta. *I write a book on the history of Malta.*
6. Il-missier jaħdem fil-għalqa tan-nannu. *The father works in the grandfather's field.*
7. In-nisa jsajru kuljum għall-familji. *The women cook every day for the families.*
8. Carmen tonfoq ħafna flus fil-kotba ta' l-iskola. *Carmen spends a lot of money in school books.*
9. Huwa jaħsel lit-tifel il-maħmuġ. *He washes the dirty boy.*
10. Pan jiknes l-art tad-dar il-kbira fil-kampanja. *Pan sweeps the floor of the big house in the countryside.*

Exercise Three

Express in Maltese:

1. Il-bandiera Maltija m'hijiex safra u ħadra, iżda bajda u ħamra.
2. Francesco Pio u Carmen m'humiex hawn iżda fir-razzett tal-ħbieb.
3. Filwaqt li Lulju m'hux xahar kiesaħ, Jannar m'hux sħun iżda kiesaħ ħafna.
4. Francis huwa tifel bieżel u studjuż
5. Student Ġermaniż m'huwiex dejjem kwiet.
6. Francis m'għandux karozza kbira bħal Sean.
7. It-tifel u t-tifla ta' Mario m'humiex bil-ġuħ u bil-għatx.
8. It-tfal iż-żgħar m'għandhomx raġun.
9. Għalkemm il-lezzjoni m'hijiex diffiċli, Marija ma tifhemx l-għalliem.
10. Ix-xjuħ fil-pjazza jħobbu l-pastizzi u l-ħelu.

Exercise Four

1. Ir-raġel ma jisraqx arloġġi.
2. Il-Maltin ma jonfqux ħafna flus.
3. Joe jiknes il-ġnien wara nofs in-nhar.
4. Marija and Carmen ma jilagħbux futbol, imma huma jilagħbu tennis.
5. Il-ġardinar ma jagħtix ilma lis-siġar fil-ġnien.
6. It-tfal ma jifhmux il-lezzjoni.
7. F'Malta ma jkollniex xitwa twila.
8. Il-lingwa Maltija m'hijiex diffiċli.

LESSON TEN

Exercise One

Express in Maltese:

1. Fi ftit ġranet oħra Pan ser jagħti lezzjoni fl-università.
2. Hija sejra tikteb ittra lit-tifel fi ftit sigħat oħra.
3. Dalwaqt jiena sejra nagħti l-ktieb u l-libsa lil tifla.
4. Huma sejrin jixtru l-ħaxix u l-frott mir-razzett.
5. Aħna sejrin naħslu l-ħwejjeġ il-maħmuġin il-ġimgħa d-dieħla.
6. Jiena sejjer naqra ktieb importanti x-xahar id-dieħel.
7. Mario sejjer jaħdem ħafna s-sena d-dieħla.
8. Joe u Mario ikollhom isajru l-pranzu għall-familja.
9. It-tfal serjin jiżfnu fil-ġnien wara nofs in-nhar.
10. It-tfal sejrin jifhmu l-lezzjoni tal-Malti dalwaqt.

Exercise Two

1. Marija m'hijiex sejra tpoġġi l-frieket fuq il-mejda.
2. John m'huwiex sejjer jaħdem fix-xhur li ġejjin.
3. It-tifla ż-żgħira m'hijiex sejra tisraq il-pupa.
4. It-tfal m'humiex sejrin jilagħbu mal-kelb.
5. Jiena sejra naqra l-ktieb fi ftit ġranet oħra.
6. L-omm u l-missier ikollhom isajru l-ikla filgħaxija għan-nanniet.

Exercise Three

1. Huwa sejjer iwieġeb. 2. Jiena sejjer immur. 3. In-nisa sejrin jiżfnu. 4. Aħna sejrin nagħżlu. 5. Intom sejrin taċċettaw. 6. Inti sejjer tgħin. 7. Hija sejra tqum. 8. Intom sejrin taslu. 9. Hija sejra tagħżel. 10. It-tifla sejra tpoġġi.

1. Marija m'hijiex sejra taħsel il-ħwejjeġ il-maħmuġin il-ġimgħa d-dieħla.
2. Aħna m'aħniex sejrin naċċettaw l-arloġġ is-sabiħ.
3. Joe ma jgħinx lil Marija filgħaxija.
4. Inti u t-tifel ikollkom tmorru ħdejn il-knisja.
5. It-tfal sejrin ikollhom jaħdmu ħafna fis-sajf li ġej.
6. Marija sejra twieġeb l-ittra ta' Joe wara nofs in-nhar.
7. Pierre sejjer jixtri l-karozza l-ġimgħa li ġejja.
8. Jiena sejjer ikolli nagħti l-ikel lit-tfal iż-żgħar.
9. Il-kelb sejjer jigdem l-id tat-tifel iż-żgħir dalwaqt.
10. Ir-raġel ikollu jqajjem it-tifel.
11. Marija u Mario sejrin jaħdmu fuq proġett importanti s-sena d-dieħla.
12. Aħna sejrin inkunu fid-dar fil-ftit minuti li ġejjin.

LESSON ELEVEN

Exercise One

Fuq *on*	Bħal *like*	Taħt *under*
Fuqi *on me*	bħali *like me*	taħti *under me*
Fuqek *on you (sing)*	bħalek *like you (sing)*	taħtek *under you (sing)*
Fuqu *on him*	bħalu *like him*	taħtu *under him*
Fuqha *on her*	bħalha *like her*	taħtha *under her*
Fuqna *on us*	bħalna *like us*	taħtna *under us*
Fuqkom *on you (pl)*	bħalkom *like you (pl)*	taħtkom *under you (pl)*
Fuqhom *on them*	bħalhom *like them*	taħthom *under them*

90

Ma' with	Ta' of	Ras head
Miegħi with me	tiegħi mine	rasi my head
Miegħek with you (sing)	tiegħek yours (sing)	rasek your head (sing)
Miegħu with him	tiegħu his	rasu his head
Magħha with her	tagħha hers	rasha her head
Magħna with us	tagħna ours	rasna our head
Magħkom with you (pl)	tagħkom yours (pl)	raskom your head (pl)
Magħhom with them	tagħhom theirs	rashom their head

Għajn eye	Id hand	dar house
Għajni my eye	idi my hand	dari my house
Għajnek your eye (sing)	idek your hand (sing)	darek your house (sing)
Għajnu his eye	idu his hand	daru his house
Għajnha her eye	idha her hand	darha her house
Għajnna our eye	idna our hand	darna our house
Għajnkom your eye (pl)	idkom your hand (pl)	darkom your house (pl)
Għajnhom their eye	idhom their hand	darhom their house

Oħt sister	Omm mother	Missier father
Oħti my sister	ommi my mother	missieri my father
Oħtok your sister (sing)	ommok your mother (sing)	missierek your father (sing)
Oħtu his sister	ommu his mother	missieru his father
Oħtha her sister	ommha her mother	missierha her father
Oħtna our sister	ommna our mother	missierna our father
Oħtkom your sister (pl)	ommkom your mother (pl)	missierkom your father (pl)
Oħthom their sister	ommhom their mother	missierhom their father

Exercise Two

1. Joe jiġri lejn id-dar mal-kelb ta' Marija.
2. L-għalliem sejjer imur l-iskola magħhom.
3. L-ilbiesi tagħna huma ħomor bħal dawk ta' Marija. Huma bħal tagħha.
4. Ir-raġel ix-xiħ jgħix ħdejn il-baħar. It-tifel tiegħu jgħix miegħu.
5. Il-kelb imur fuq il-kaxxa s-sewda. Il-kelb imur fuqha.
6. It-tifla sejra jkollha l-ktieb magħha.

Exercise Three

1. Joe runs home with his dog.
2. The teacher will go to school with them.
3. Her dress is red like the children's.
4. The old man lives near the sea with his wife and his sister's children.
5. The girl will have her own book.
6. Give the book to Joe.
7. The women will soon be without money.
8. Maltese is a language with many Italian and English words.

Exercise Four

Spring in Malta

One of the seasons of the year is spring and for many Maltese this is their favourite season.

During this season, the children have their Easter holidays and thus have all the time to enjoy nature when they go in some field to see the greenery and the flowers with their beautiful colours like: red, yellow, green, blue, white and brown.

Unfortunately, spring is not a long season in Malta because after the month of April, the climate changes and it becomes hot and soon there is summer.

(a) L-istaġun favorit tal-Maltin huwa r-rebbiegħa.
(b) Fir-rebbiegħa, it-tfal ikollhom il-vaganzi ta' l-Għid.
(c) Il-Maltin igawdu n-natura billi jmorru f'xi għalqa mimlija fjuri b'ħafna kuluri.

Exercise Five

Maltese Churches

Malta has many big and beautiful churches. In fact, for its size, one can say that in in every village there is a beautiful church with a long history.

Among the beautiful churches, we have the cathedral in the old and quiet city of Mdina, as well as the church of St John in Valletta, the capital city of Malta.

The Maltese love decorating their churches, although, at times, think that they overdecorate.

In summer the traditional feasts of the patron saint of the village or city are held. On the feast day, the church attracts a lot of people from outside the village who enjoy the happy atmosphere as well as the decorations.

Unfortunately, these feasts are too noisy not because of the band which plays joyful marches, but rather because of the powerful petards which are heard, from practically everywhere. Although it is a good thing for one to enjoy his village patron saint's feast, yet it is important to remember that not everyone enjoys the powerful petards. The old and the sick people need peace and quiet, and very often small children are afraid of the noises of the petards. For them, these petards instill fear and not happiness.

(a) In-nies jieħdu gost bit-tiżjin tal-knisja u tar-raħal, kif ukoll bil-banda li ddoqq il-marċi.

(b) Ħafna tfal u xjuħ ma jħobbux il-ħsejjes li jagħmlu l-murtali fil-festa.

Exercise Six
The House of Providence

The small and quiet village of Siġġiewi is in the south of the island of Malta.

A lot of people know about this village for these reasons: (i) Siġġiewi has a lot of fields and big trees and thus, the Maltese go there in order to enjoy nature; (ii) in this village there is a special place – The House of Providence. People with special needs live in this house. A lot of money is needed to run this house.

The Maltese people are generous and kind hearted. Thus, the Maltese donate a lot of money. Yet it is not only money that people give, but they also give their time by keeping company to these handicapped people.

LESSON TWELVE

Exercise One

Ħamsa u sebgħin fenek; mija wieħed u għoxrin kelb; ħames tadamiet; sebat imwejjed; nofs kilo qargħabagħli; kilo lariġ; tmintax-il qattus; ħamsa u erbgħin lira; nofs miljun lira; kwart ta' miljun Taljani; mija u tliet siġġijiet.

Exercise Two

1. Carmen u Charles għandhom żewgt itfal, filwaqt li Marija u Joe għandhom sebgħa.
2. Hemm ħames siġriet ħdejn is-siġra l-qadima fir-raħal iż-żgħir.
3. Tal-ħaxix m'għandux kilo lariġ u nofs kilo langas.
4. Iż-żewg nisa jmorru l-knisja.
5. Tal-ħelu għandu ħafna perlini u ċikkulata.
6. Hemm tliet ħajjata, ħdax-il għalliem, disa' periti, żewġ spiżjara u tabib fir-raħal il-kbir.
7. Jiena sejra mmur għand in-nisa x-xjuħ il-ġimgħa d-dieħla.

Exercise Three

1. Hemm tnax-il xahar f'sena.
2. Hemm seba' ġranet f'ġimgħa.
3. Hemm ħmistax-il minuta fi kwarta ta' siegħa.
4. Hemm erbgħa u għoxrin siegħa f'ġurnata.
5. Hemm tletin minuta f'nofs siegħa.
6. Hemm erbgħa u għoxrin xahar f'sentejn.

Exercise Four

L-erbgħa ta' wara nofs in-nhar; id-disgħa ta' filgħaxija; is-sagħtejn ta' filgħodu; it-tlieta u nofs ta' wara nofs in-nhar; is-sitta u kwart ta' filgħaxija; il-ħdax u nofs ta' filgħaxija; is-siegħa u nofs ta' wara nofs in-nhar; it-tmienja neqsin għaxra ta' filgħodu.

Exercise Five

The University of Malta

The University of Malta is four hundred years old. It is one of the oldest universities in the Commonwealth.

The University grows from one year to another. Twelve years ago there were only about eight hundred students, while now there are five thousand students. There are many female students who study medicine, pharmacy, science and there are those who study to become engineers.

The faculties of Arts, Education and Law are big and the students in these faculties study hard because they face a stiff competition.

Maltese and Gozitan students are very lucky not only because they have good professors teaching them, but also because there are no tuition fees and the students are given a monthly stipend so as to buy books. In this way they will not be dependent on their parents.

The Maltese invest a lot of money on these young people because they believe that investing in education is the best investment for a country that looks to the future.

Exercise Six

Emigration

The population of Malta and that of its neighbouring island, Gozo, is less than half a million people, yet there are many Maltese and Gozitans who live in Australia, America, Canada and the United Kingdom.

Although these emigrants do not live in their countries, yet they never forget Malta. The emigrants are proud of the Maltese culture and thus organise traditional Maltese feasts like Carnival, St. Paul's feast, Christmas and Easter.

The Maltese cultural activities are important because they keep the Maltese culture alive, however, it is necessary for the Maltese language to be spoken not only by the elderly but also by their children and their grandchildren. In this way, the Maltese culture will be strong, because it is the Maltese language that gives us our identity as Maltese.

VERB LIST

The following is a list of verbs together with their imperative forms:

To Accept   aċċetta
Accept!   aċċetta! (sing); aċċettaw! (pl)

To Arrive   wasal
Arrive!   asal! (sing); aslu! (pl)

To Be Able   seta'
Be Able!   ista'! (sing); istgħu! (pl)

To Become   sar
Become!   sir! (sing); siru! (pl)

To Believe   emmen
Believe!   emmen! (sing); emmnu! (pl)

To Bite   gidem
Bite!   igdem! (sing); igdmu (pl)

To Bring   ġab
Bring!   ġib! (sing); ġibu (pl)

To Buy   xtara
Buy!   ixtri! (sing); ixtru! (pl)

To Cook   sajjar
Cook!   sajjar! (sing); sajru! (pl)

To Do   għamel
Do!   agħmel! (sing); agħmlu! (pl)

To Dance   żifen
Dance!   iżfen! (sing); iżfnu! (pl)

To Dress   libes
Dress!   Ilbes! (sing); ilbsu (pl)

To Enjoy   gawda
Enjoy!   gawdi! (sing); gawdu! (pl)

To Feel	ħass
Feel!	ħoss! (sing); ħossu! (pl)
To Find	sab
Find!	sib! (sing); sibu! (pl)
To Forget	nesa
Forget!	insa! (sing); insew! (pl)
To Go	mar
Go!	mur! (sing); morru! (pl)
To Grow Up	kiber
Grow Up!	ikber! (sing); ikbru! (pl)
To Invest	investa
Invest!	investi! (sing); investu! (pl)
To Love	ħabb
Love!	ħobb! (sing); ħobbu! (pl)
To Make	għamel
Make!	agħmel! (sing); agħmlu! (pl)
To Open	fetaħ
Open!	iftaħ! (sing); iftħu! (pl)
To Organise	organizza
Organize!	organizza! (sing); organizzaw! (pl)
To Play (games)	lagħab
Play!	ilgħab! (sing); ilagħbu! (pl)
To Play (music)	daqq
Play!	doqq! (sing); doqqu! (pl)
To Read	qara
Read!	aqra! (sing); aqraw! (pl)
To Say	qal
Say!	għid! (sing); għidu! (pl)
To See	ra
See!	ara! (sing); araw! (pl)

To sell Sell!	biegħ biegħ! (sing); biegħu! (pl)
To Sit Down Sit Down!	poġġa poġġi! (sing); poġġu! (pl)
To Spend Spend!	nefaq onfoq! (sing); onfqu! (pl)
To Steal Steal!	seraq israq! (sing); isirqu! (pl)
To Study Study!	studja studja! (sing); studjaw! (pl)
To Sweep Sweep!	kines iknes! (sing); ikinsu! (pl)
To Think Think!	ħaseb aħseb! (sing); aħsbu! (pl)
To Turn Turn!	qaleb aqleb! (sing); aqilbu! (pl)
To Understand Understand!	fehem ifhem! (sing); ifhmu! (pl)
To Wake Up Wake Up!	qam qum! (sing); qumu! (pl)
To Wash Wash!	ħasel aħsel! (sing); aħslu! (pl)
To Work Work!	ħadem aħdem! (sing); aħdmu! (pl)
To Write Write!	kiteb ikteb! (sing); iktbu! (pl)

MALTESE – ENGLISH WORD LIST

A

abjad (m), bajda (f), bojod (pl) white
aċċetta to accept
aħdar (m), ħadra (f), ħodor (pl) green
aħmar (m), ħamra (f), ħomor (pl) red
Alla (m) God
April (m) April
arja (f) air
atmosfera (f) atmosphere
avukat (m), avukatessa (f), avukati (pl) lawyer
Awissu (m) August

B

b'hekk in this way
baħar (m), ibħra (pl) sea
bajda (f), bajd (pl) egg
bandiera (f), bnadar (pl) flag
bank (m), banek (pl) bank
barmil (m), bramel (pl) bucket
barra outside
barrani (m), barranija (f), barranin (pl) foreigner
basla (f), basal (pl) onion
baxx (m), baxxa (f), baxxi (pl) low
bejn between
bejt (m), bjut (pl) roof
belt (f), bliet (pl) city
bennej (m), bennejja (pl) mason
bħal like
bi with

bieżel (m), bieżla (f), biżlin (pl) industrious/busy
bieb (m), bibien (pl) door
biegħ to sell
biex in order to
biss only
bjond (m), bjonda (f), bjondi (pl) blond
brinġiela (m), brinġiel (pl) aubergine
but (m), bwiet (pl) pocket
bżonn need

Ċ

ċavetta (f), ċwievet (pl) key
ċena (f) dinner
ċikkulata (f), ċikkulati (pl) chocolate
ċurkett (m), ċrieket (pl) ring

D

dak (m), dik (f), dawk (pl) that
dawk (pl) those
dan (m), din (f) this
dawn these
daqq to play (music)
dar (f), djar (pl) house
dedikat (m), dedikata (f), dedikati (pl) dedicated
dejjem always
dentist (m), dentista (f), dentisti (pl) dentist
Diċembru (m) December
disgħa nine

disgħin *ninety*
dgħajsa (f), dgħajjes (pl) *boat*
dħuli (m), dħulija (f), dħulin (pl)
  affable/friendly
diffiċli (m & f, sing & pl) *difficult*
dija (f) *glow/ray*
dipendenti (m & f, sing & pl)
  dependent
driegħ (m), dirgħajn (pl) *arm*
dsatax *nineteen*
dublett (m), dbielet (pl) *skirt*
dundjan (m), dundjani (pl)
  turkey

E

edukazzjoni (f) *education*
elf (m), eluf (pl) *thousand*
emmen *to believe*
erbatax *fourteen*
erbgħa *four*
Erbgħa (f) *Wednesday*
erbgħin *forty*
eżami (m), eżamijiet (pl)
  examination
eżempju (m), eżempji (pl)
  example

F

fażola (f sing & pl) *bean*
fakultà (f), fakultajiet (pl)
  faculty
familja (f), familji (pl) *family*
favorit (m), favorita (f), favoriti (pl)
  favourite
fehem *to understand*
fejn *where*
fenek (m), fenka (f), fniek (pl)
  rabbit

ferħan (m), ferħana (f),
  ferħanin (pl) *happy*
festa (f), festi (pl) *feast*
fetaħ *to open*
fi *in*
filgħaxija *evening*
filgħodu *morning*
filwaqt *while*
fjura (f), fjuri (pl) *flower*
flimkien *together*
flixkun (m), fliexken (pl) *bottle*
flokk (m), flokkijiet (pl) *sweater*
flus (pl) *money*
fortunatament *fortunately*
fost *among*
frotta (f), frott (pl) *fruit*
fqir (m), fqira (f), fqar (pl) *poor*
Frar (m) *February*
ftit *a little*
futbol (m) *football*
fuq *on*
furketta (f), frieket (pl) *fork*

Ġ

ġab *to bring*
ġdid (m), ġdida (f), ġodda (pl) *new*
ġeneruż (m), ġeneruża (f),
  ġenerużi (pl) *generous*
ġenitur (m & f), ġenituri (pl) *parent*
ġewnaħ (m), ġwienaħ (pl),
  ġwinħajn (pl) *wing*
Ġimgħa (f) *Friday*
ġlekk (m), ġlekkijiet (pl) *jacket*
ġnien (m), ġonna (pl) *garden*
ġobon (m), ġobniet (pl) *cheese*
ġuħ (m) *hunger*
Ġunju (m) *June*
ġurdien (m), ġurdiena (f),
  ġrieden (pl) *mouse*
ġurnata (f), ġranet (pl) *day*

G

gallarija (f), gallariji (pl) balcony
gallettina (f), gallettini (pl) biscuit
gawda to enjoy
giddieb (m), giddieba (f), giddibin (pl) liar
gidem to bite
grazzi thank you
griż (m), griża (f), griżi (pl) gray
gżira (f), ġżejjer (pl) island

GĦ

għada tomorrow
għaref (m), għarfa (f), għorrief (pl) wise
għasfur (m), għasafar (pl) bird
għaxra ten
għoxrin twenty

H

hawn here
hekk so; thus
hemmhekk over there
hena (m)happiness
hija (f) she; she is
huwa (m) he; he is

Ħ

ħaġa (f) thing
ħażin (m), ħażina (f), ħżiena (pl) bad
ħabb to love
Ħadd (m) Sunday
ħadem to work
ħafna a lot of
ħajja (f), ħajjiet (pl) life

ħajjat (m), ħajjata (f), ħajjatin (pl) tailor
ħalib (m) milk
ħamrija (f) soil
Ħamis (m) Thursday
ħamsa five
ħamsin fifty
ħandikappat (m), ħandikappata (f) handicapped ħandikappati (pl) handicapped
ħanut (m), ħwienet (pl) shop
ħarifa (f) autumn
ħaseb to think
ħasel to wash
ħass to feel
ħaxix (m) vegetable
ħdax eleven
ħdejn near
ħdura (f) greenery
ħelwa (f), ħelwin (pl) nice; sweet
ħin (m), ħinijiet (pl) time
ħjara (f), ħjar (pl) cucumber
ħlewwa (f) sweetness
ħmar (m), ħmara (f), ħmir (pl) donkey
ħmistax fifteen
ħobża (f), ħobż (pl) loaf of bread
ħu (m), aħwa (pl) brother
ħwejjeġ (pl) clothes

I

iżda however
id (m), idejn (pl) hand
ieħor (m), oħrajn (pl) another
iebes (m), iebsa (f), iebsin (pl) hard
ikħal (m), kaħla (f), koħol (pl) blue
ikrah (m), kerha (f), koroh (pl) ugly
illum today
ilma (m), ilmijiet (pl) water

imdejjaq (m), imdejqa (f), imdejqin (pl) *sad*

importanti (m & f, sing & pl) *important*

imqareb (m), imqarba (f), imqarbin (pl) *naughty*

indipendenti (m & f, sing & pl) *independent*

investa *to invest*

investiment (m), investimenti (pl) *investment*

isfar (m), safra (f), sofor (pl) *yellow*

ismar (m), samra (f), somor (pl) *dark*

iswed (m), sewda (f), suwed (pl) *black*

ittra (m), ittri (pl) *letter*

iva *yes*

ixxurtjat (m), ixxurtjata (f), ixxurtjati (pl) *lucky*

J

Jannar (m) *January*

jekk *if*

jew *or*

jiena *I; I am*

jum (m), jiem (pl) *day*

K

kċina (f), kċejjen (pl) *kitchen*

kampanja (f), kampanji (pl) *countryside*

kamra (f), kmamar (pl) *room*

kamra (f) tal-banju kmamar tal-banju *bathroom*

kamra (f) tal-pranzu kmamar tal-pranzu *dining room*

kamra (f) tas-sodda kmamar tas-sodda *bedroom*

kannella (m & f, sing & pl) *brown*

kapitali (f sing & pl) *capital*

karrotta (f), karrotti (pl) *carrot*

karrozza (f), karrozzi (pl) *car*

kaxxa (f), kaxxi (pl) *box*

kburi (m), kburija (f), kburin (pl) *proud*

kelb (m), kelba (f), klieb (pl) *dog*

kemm? *how much? how many?*

kewkba (f), kwiekeb (pl) *star*

kiber *to grow up*

kien *to be*

kiesaħ (m), kiesħa (f), kesħin (pl) *cold*

kif? *how*

kif ukoll *as well*

kikkra (f), kikkri (pl) *cup*

kilo (m), kilojiet (pl) *kilo*

kines *to sweep*

kiteb *to write*

kitla (f), ktieli (pl) *kettle*

kittieb (m), kittieba (f), kittieba (pl) *writer*

klassi (f), klassijiet (pl) *class*

knisja (f), knejjes (pl) *church*

ktieb (m), kotba (pl) *book*

kuġin (m), kuġina (f), kuġini (pl) *cousin*

kuċċarina (f), kuċċarini (pl) *teaspoon*

kulħadd *everybody*

kullimkien *everywhere*

kwiet (m), kwieta (f), kwieti (pl) *quiet*

L

lagħab *to play*

lampa (f), lampi (pl) *lamp*

langasa (f), langas (pl) *pear*
laringa (f), laring (pl) *orange*
le *no*
lejl (m) *night*
lejn *towards*
lezzjoni (f), lezzjonijiet (pl) *lesson*
librerija (f), libreriji (pl) *library;*
  bookcase
libsa (f), ilbiesi (pl) *dress*
lira (f), liri (pl) *pound (currency)*
liwja (f), liwjiet (pl) *bend*
Lulju (m), *July*
luminata (f), luminati (pl)
  lemonade

mhux *not*
mieghek *with you (sing)*
mieghi *with me*
mieghu *with him*
mija (f), mijiet (pl) *hundred*
Milied (m) *Christmas*
miljun (m), miljuni (pl) *million*
min *who*
minghajr *without*
minn *from*
minuta (f), minuti (pl) *minute*
missier (m), missirijiet (pl) *father*
misthi (m), misthija (f),
  misthijin (pl) *shy*

M

ma' *with*
mahmug (m), mahmuga (f),
  mahmugin (pl) *dirty*
madwar *around*
maghha *with her*
maghhom *with them*
maghkom *with you (pl)*
maghna *with us*
malajr *soon; quickly*
mar *to go*
mara (f), nisa (pl) *woman*
marid (m), marida (f), morda (pl)
  sick
maqrut (m), imqaret (pl) *date*
  cake
Marzu (m) *March*
medicina (f), medicini (pl)
  medicine
mejda (f), mwejjed (pl) *table*
meta *when*
metru (m), metri (pl) *metre*
Mejju (m) *May*
mgharfa (f), mgharef (pl)
  spoon

N

nadif (m), nadifa (f), nodfa (pl)
  clean
nannu (m), nanna (f), nanniet (pl)
  grandparent
nar (m), nirien (pl) *fire*
nefaq *to spend*
neqsin *to (the hour)*
nesa *to forget*
nies (pl) *people*
nofs *half*
nofs il-lejl (m) *midnight*
nofs in-nhar (m) *midday*
Novembru (m) *November*
numru (m), numri (pl) *number*
nutar (m), nutara (f & pl)
  notary

O

oht (f), ahwa (pl) *sister*
omm (f), ommijiet (pl) *mother*
organizza *to organize*
Ottubru (m) *October*

P

pacenzja (f) *patience*

paci (f) *peace*

papra (f), papri (pl) *duck*

pastizz (m), pastizzi (pl) *Maltese cheesecake*

patata (f sing & pl) *potato*

periklu (m), perikli (pl) *danger*

perit (m & f), periti (pl) *architect*

pipa (f), pipi (pl) *pipe*

pjazza (f), pjazez (pl) *village square*

platt (m), platti (pl) *plate*

poġġa *to sit down*

poeta (m), poetessa (f), poeti (pl) *poet*

poplu (m), popli (pl) *people*

popolazzjoni (f), popolazzjonijiet (pl) *population*

posta (f), posta (pl) *mail*

pranzu (m), pranzi (pl) *dinner*

presepju (m), presepji (pl) *crib*

proġett (m), proġetti (pl) *project*

problema (f), problemi (pl) *problem*

professur (m & f), professuri (pl) *professor*

Providenza (f) *Providence*

pultruna (f), pultuni (pl) *armchair*

pupa (f), pupi (pl) *doll*

Q

qaddis (m), qaddisa (f), qaddisin (pl) *saint*

qaddis patrun (m), qaddisa patruna (f) *patron saint*

qaddisin patruni (pl) *patron saints*

qadim (m), qadima (f), qodma (pl) *old (inanimate objects)*

qal *to say*

qalb (f), qlub (pl) *heart*

qaleb *to turn*

qalziet (m), qliezet (pl) *trousers*

qam *to wake up*

qamar (m), qmura (pl) *moon*

qara *to read*

qargħabagħalija (f), qargħabagħli (pl) *marrow*

qasir (m), qasira (f), qosra (pl) *short*

qattus (m), qattusa (f), qtates (pl) *cat*

qawsalla (f), qawsalli (pl) *rainbow*

qawwi (m), qawwija (f), qawwijin (pl) *sturdy; fat*

quddiem *in front of*

R

ra *to see*

raġel (m), rġiel (pl) *man*

raġun (m), raġunijiet (pl) *reason*

raħal (m), rħula (pl) *village*

ras (f), rjus (pl) *head*

razzett (m), rziezet (pl) *farmhouse*

riġel (m), riġlejn (pl) *leg*

rebbiegħa (f) *spring*

riħ (m), irjieħ (pl) *wind*

ritratt (m), ritratti (pl) *photo*

roża (f sing & pl) *pink*

rqiq (m), rqiqa (f), rqaq (pl) *thin*

S

sħun (m), sħuna (f), sħan (pl) *warm*

saħħa (f) health
sab to find
sabiħ (m), sabiħa (f), sbieħ (pl) beautiful; handsome
sajf (m) summer
sajjar to cook
salott (m), salotti (pl) sofa
sar to become
sebgħa seven
sejjer shall leave
sekonda (f), sekondi (pl) second
sebgħin seventy
sena (f), snin (pl) year
seraq to steal
seta' to be able
Settembru (m), September
sfortunatament unfortunately
Sibt (m) Saturday
siġġu (m), siġġijiet (pl) chair
siġra (f), siġar (pl) tree
siegħa (f), sigħat (pl) hour
sieq (f), saqajn (pl) foot
sikkina (f), skieken (pl) knife
sinjur (m), sinjura (f), sinjuri (pl) Mr
sinjur (m), sinjura (f), sinjuri (pl) wealthy; rich
sitta six
sittax sixteen
sittin sixty
skola (f), skejjel (pl) school
sodda (f), sodod (pl) bed
spalla (f), spallejn (pl) shoulder
speċjali (m sing & pl) special
spiżjar (m), spiżjara (f), spiżjara (pl) pharmacist
sptar (m), sptarijiet (pl) hospital
staġun (m), staġuni (pl) season
storbju (m & pl) noise
storja (f), stejjer (pl) story
student (m), studenta (f), studenti (pl) student
studja to study

studjuż (m), studjuża (f), studjużi (pl) studious

T

ta' of
taħt under
tabib (m), tabiba (f), tobba (pl) doctor
tagħha hers
tagħhom theirs
tagħkom (pl) yours
tagħna ours
tajjeb good
tal-ħaxix (m) grocer
tal-ħelu (m) confectioner
tal-pastizzi (m) cheescake vendor
tazza (f), tazzi (pl) glass
temp (m) weather
tfajjel (m), tfajla (f), tfal (pl) small child
tfal tat-tfal (pl) grandchildren
tiegħek (sing) yours
ferħanin (pl) happy
tiegħi mine
tiegħu his
tieqa (f), twieqi (pl) window
tifel (m), tfal (pl) boy
tifla (f), tfal (pl) girl
tiżjin (pl) festoons; decorations
tlettax thirteen
tletin thirty
tlieta three
Tlieta (f) Tuesday
tmenin eighty
tmienja eight
tnax twelve
tnejn two
Tnejn (m) Monday
tort (m) wrong
twil (m), twila (f), twal (pl) tall

V

važun (m), važunijiet (pl) *vase*
vaganza (f), vaganzi (pl) *holiday*
vapur (m), vapuri (pl) *ship*

W

wara *after*
warda (f), ward (pl) *rose*
wasal *to arrive*
wiċċ (m), uċuħ (pl) *face*
widna (f), widnejn (pl) *ear*
wied (m), widien (pl) *valley*
wieħed (m), waħda (f) *one*

X

xagħar (m) *hair*
xahar (m), xhur (pl) *month*
xejn *nothing*
xemx (f) *sun*
xi *some*

xiħ (m), xiħa (f), xjuħ (pl) *old man*
xita (f) *rain*
xitla (f), xtieli (pl) *plant*
xitwa (f) *winter*
xogħol (m), xogħlijiet (pl) *work*
xtara *to buy*

Ż

żarbun (m), żraben (pl) *pair of shoes*
żunżana (f), żunżani (pl) *bee*
żball (m), żbalji (pl) *mistake*
żejjed *too much*
żejt (m), żjut (pl) *oil*
żiemel (m), żwiemel (pl) *horse*
żifen *to dance*

Z

zalza (f), zlazi (pl) *sauce*
zija (f), zijiet (pl) *aunt*
ziju (m), zijiet (pl) *uncle*
zokkor (m) *sugar*

ENGLISH – MALTESE WORD LIST

A

accept (to accept) *aċċetta*
affable *dħuli (m), dħulija (f), dħulin (pl)*
after *wara*
afternoon *wara nofs in-nhar (m)*
air *arja (f)*
always *dejjem*
among *fost*
another *ieħor (m), oħra (f), oħrajn (pl)*
April *April (m)*
architect *perit (m & f), periti (pl)*
arm *driegħ (m), dirgħajn (pl)*
armchair *pultruna (f), pultruni (pl)*
around *madwar*
arrive (to arrive) *wasal*
as well *kif ukoll*
atmosphere *atmosfera (f), atmosferi (pl)*
aubergine *brinġiela (f), brinġiel (pl)*
August *Awissu (m)*
aunt *zija (sing), zijiet (pl)*

B

bad *ħażiin (m), ħażina (f), ħżiena (pl)*
balcony *gallarija (f), gallariji (pl)*
bank *bank (m), bankijiet (pl)*
bathroom *kamra (f) tal-banju, kmamar (pl) tal-banju*
be (to be) *kien*
bean *fażola (f sing & pl)*
beautiful *sabiħ (m), sabiħa (f), sbieħ (pl)*
become (to become) *sar*
bed *sodda (f), sodod (pl)*
bedroom *kamra (f) tas-sodda, kmarar (pl) tas-sodda*
believe (to believe) *emmen*
bend (n), *liwja (f)*
between *bejn*
bird *għasfur (m), għasafar (pl)*
biscuit *gallettina (f), gallettini (pl)*
bite (to bite) *gidem*
black *iswed (m), sewda (f), suwed (pl)*
blond *bjond (m), bjonda (f), bjondi (pl)*
blue *ikħal (m), kaħla (f), koħol (pl)*
boat *dgħajsa (f), dgħajjes (pl)*
book *ktieb (m), kotba (pl)*
bookcase *librerija (f), libreriji (pl)*
bottle *flixkun (m), fliexken (pl)*
box *kaxxa (f), kaxxi (pl), kaxex (pl)*
boy *tifel (m), tfal (pl)*
bread *ħobża (f), ħobżiet (pl)*
bring (to bring) *ġab*
brother *ħu (m), aħwa (pl)*
brown *kannella (m & f, sing & pl)*
bucket *barmil (m), bramel (pl)*
buy (to buy) *xtara*

C

capital *kapitali (m sing & pl)*
car *karrozza (f), karrozzi (pl)*
carrot *karrotta (f), karrotti (pl)*

cat qattus (m), qattusa (f),
qtates (pl)
chair siġġu (m), siġġijiet (pl)
cheese ġobon (m), ġobniet (pl)
cheesecake (Maltese)
pastizz (m), pastizzi (pl)
cheesecake vendor tal-pastizzi (m)
child (small child) tfajjel (m),
tfajla (f), tfal (pl)
chocolate ċikkulata (f),
ċikkulati (pl)
Christmas Milied (m)
church knisja (f), knejjes (pl)
city belt (f), bliet (pl)
class klassi (m), klassijiet (pl)
clean nadif (m), nadifa (f),
ndaf (pl)
clothes ħwejjeġ (pl), ilbiesi
cold kiesaħ (m), kiesħa (f),
kesħin (pl)
colour kulur (m), kuluri (pl)
confectioner tal-ħelu (m)
cook (to cook) sajjar
countryside kampanija (f),
kampaniji (pl)
cousin kuġin (m), kuġina (f),
kuġini (pl)
crib (a Christmas crib) presepju
(m), presepji (pl)
cucumber ħjara (f), ħjar (pl)
cup kikkra (f), kikkri (pl)

D

dance (to dance) żifen
danger periklu (m), perikli (pl)
dark ismar (m), samra (f),
somor (pl)
datecake maqrut (m), imqaret (pl)
day ġurnáta (f), ġranet (pl);
jum (m), jiem (pl)

December Diċembru (m)
decorations tiżjin (pl)
dedicated dedikat (m),
dedikata (f), dedikati (pl)
dentist dentist (m), dentista (f),
dentisti (pl)
dependent dipendenti (m & pl)
difficult diffiċli (m sing & pl)
dining room kamra (f) tal-pranzu,
kmamar (pl) tal-pranzu
dinner ċena (f)
dinner pranzu (m), pranzijiet (pl)
do (to do) għamel
doctor tabib (m), tabiba (f), tobba (pl)
dog kelb (m), klieb (pl)
doll pupu (m), pupa (f),
pupi (pl)
donkey ħmar (m), ħmara (f),
ħmir (pl)
door bieb (m), bibien (pl)
dress libsa (f), ilbiesi (pl)
dress (to dress) libes
duck papra (f), papri (pl)

E

ear widna (f), widnejn (pl)
education edukazzjoni (f sing & pl)
egg bajda (m), bajdiet (pl)
eight tmienja
eighteen tmintax
eighty tmenin
eleven ħdax
enjoy (to enjoy) gawda
evening (in the evening)
filgħaxija
everybody kulħadd
everywhere kullimkien
examination eżami (m),
eżamijiet (pl)
example eżempju (m), eżempji (pl)

F

face *wiċċ (m), uċuħ (pl)*
faculty *fakultà (f), fakultajiet (pl)*
family *familja (f), familji (pl)*
farmhouse *razzett (m), rziezet (pl)*
father *missier (m), missirijiet (pl)*
favourite *favorit (m), favorita (f),
    favoriti (pl)*
feast *festa (f), festi (pl)*
February *Frar (m)*
feel (to feel) *hass*
festoons *tiżjin (pl)*
fifteen *ħmistax*
fifty *ħamsin*
find (to find) *sab*
fire *nar (m), nirien (pl)*
five *ħamsa*
flag *bandiera (f), bnadar (pl)*
flower *fjura (m), fjuri (pl)*
foot *sieq (m), saqajn (pl)*
football *futbol (m)*
foreigner *barrani (m),
    barranija (f), barranin (pl)*
forget (to forget) *nesa*
fork *furketta (f), frieket (pl)*
fortunately *fortunatament*
forty *erbgħin*
four *erbgħa*
fourteen *erbatax*
Friday *il-Ġimgħa (f)*
friendly *dħuli (m), dħulija (f),
    dħulin (pl)*
from *minn*
front (in front of) *quddiem*
fruit *frotta (f), frott (pl)*

G

garden *ġnien (m), ġonna (pl)*
generous *ġeneruż (m),
    ġeneruża (f), ġenerużi (pl)*

girl *tifla (f), tfal (pl)*
glass *tazza (f), tazzi (pl)*
glow *dija (f)*
go (to go) *mar*
God *Alla (m)*
good *tajjeb (m), tajba (f),
    tajbin (pl)*
good afternoon *il-wara nofs in-
    nhar it-tajjeb (m)*
good morning *l-għodwa t-tajba (f)*
good night *il-lejl it-tajjeb (m)*
good-bye *saħħa*
grandfather *nannu (m),
    nanniet (pl)*
grandmother *nanna (f), nanniet (pl)*
green *aħdar (m), ħadra (f),
    ħodor (pl)*
greenery *ħdura (f sing & pl)*
grocer *tal-ħaxix (m)*
grandchildren *tfal tat-tfal (pl)*
grow (to grow) *kiber*

H

hair *xagħar (pl)*
half *nofs*
hand *id (m), idejn (pl)*
handsome *sabiħ (m), sbieħ (pl)*
handicapped *handikappat (m & f),
    handikappati (pl)*
happiness *hena (f)*
happy *ferħan (m), ferħana (f),
    ferħanin (pl)*
hard *iebes (m), iebsa (f) ibsin (pl)*
have (to have) *għandu*
he *huwa*
head *ras (f), rjus (pl)*
health *saħħa (f)*
heart *qalb (f), qlub (pl)*
hello *x'hemm*
here *hawn*

hers *tagħha*
his *tiegħu*
holiday *vaganza (m), vaganzi (pl)*
hospital *sptar (m), sptarijiet (pl)*
hour *siegħa (f), sigħat (pl)*
house *dar (f), djar (pl)*
how *kif*
how much *kemm*
however *iżda*
hundred *mija (f), mijiet (pl)*
hunger *ġuħ*

I

I *jiena*
if *jekk*
important *importanti (m sing & pl)*
in *fi*
in order to *biex*
in this way *b'hekk*
independent *indipendenti (m sing & pl)*
industrious *bieżel (m), bieżla (f), biżlin (pl)*
invest (to invest) *investa*
investment *investiment (m), investimenti (pl)*
island *gżira (f), gżejjer (pl)*

J

jacket *ġlekk (m), ġlekkijiet (pl)*
January *Jannar (m)*
July *Lulju (m)*
June *Ġunju (m)*

K

kettle *kitla (f), ktieli (pl)*
key *ċavetta (f), ċwievet (pl)*

kilo *kilo (m), kilojiet (pl)*
kitchen *kċina (f), kċejjen (pl)*
knife *sikkina (f), skieken (pl)*

L

lamp *lampa (f), lampi (pl)*
lawyer *avukat (m), avukatessa (f), avukati (pl)*
leg *riġel (m), riġlejn (pl)*
lemonade *luminata (f), luminati (pl)*
lesson *lezzjoni (f), lezzjonijiet (pl)*
letter *ittra (f), ittri (pl)*
liar *giddieb (m), giddieba (f), giddibin (pl)*
library *librerija (f), libreriji (pl)*
life *ħajja (f), ħajjiet (pl)*
like *bħal*
little (a little of) *ftit*
a loaf of bread *ħobża (f), ħobżiet (pl)*
lot (a lot of) *ħafna*
love (to love) *ħabb*
low *baxx (m), baxxa (f), baxxi (pl)*
lucky *ixxurtjat (m), ixxurtjata (f), ixxurtjati (pl)*

M

mail *posta (f),*
man *raġel (m), rġiel (pl)*
March *Marzu (m)*
marrow *qargħabagħalija (f), qargħabagħli (pl)*
mason *bennej (m), bennejja (pl)*
May *Mejju (m)*
medicine *mediċina (f), mediċini (pl)*
metre *metru (m), metri (pl)*
midday *nofs in-nhar (m)*
midnight *nofs il-lejl (m)*
milk *ħalib (m)*

million _miljun (m), miljuni (pl)_
mine _tiegħi_
minute _minuta (f), minuti (pl)_
miss _sinjorina (f), sinjorini (pl)_
Monday _it-Tnejn (m)_
money _flus (pl)_
month _xahar (m), xhur (pl)_
moon _qamar (m), qmura (pl)_
morning (in the morning) _filgħodu_
mother _omm (f), ommijiet (pl)_
mouse _ġurdien (m), ġrieden (pl)_
Mr _sinjur (m), sinjuri (pl)_
Mrs _sinjura (f), sinjuri (pl)_
much _żejjed_

N

naughty _mqareb (m), mqarba (f), mqarbin (pl)_
need _bżonn_
new _ġdid (m), ġdida (f), ġodda (pl)_
nice _ħelu (m), ħelwa (f), ħelwin (pl)_
night _lejl (m)_
nine _disgħa_
nineteen _dsatax_
ninety _disgħin_
no _le_
noise _storbju (m)_
not _mhux_
notary _nutar (m), nutara (f), nutara (pl)_
nothing _xejn_
November _Novembru (m)_
number _numru (m), numri (pl)_

O

October _Ottubru (m)_
of _ta'_
old (inanimate object) _qadim (m), qadima (f), qodma (pl)_

old (person) _xiħ (m), xiħa (f), xjuħ (pl)_
on _fuq_
one _wieħed (m), waħda (f)_
onion _basla (f), basal (pl)_
only _biss_
open (to open) _fetaħ_
or _jew_
orange _larinġa (f), larinġ (pl)_
organise (to organise) _organizza_
ours _tagħna_
outside _barra_
over there _hemmhekk_

P

parent _ġenitur (m), ġenituri (pl)_
patience _paċenzja (f)_
patron saint _qaddis patrun (m), qaddisin patruni (pl)_
peace _paċi (f)_
pear _lanġasa (f), lanġas (pl)_
people _nies (pl)_
people _poplu (m), popli (pl)_
pharmacist _spiżjar (m), spiżjara (f sing & pl)_
photo _ritratt (m), ritratti (pl)_
pink _roża (f sing & pl)_
pipe _pipa (f), pipi (pl)_
plant _pjanta (f), pjanti (pl)_
plate _platt (m), platti (pl)_
play (to play games) _lagħab_
play (to play music) _daqq_
please _jekk jogħġbok_
pocket _but (m), bwiet (pl)_
poet _poeta (m), poetessa (f), poeti (pl)_
poor _fqir (m), fqar (pl)_
population _popolazzjoni (m), popolazzjonijiet (pl)_
potato _patata (f sing & pl)_

pound (currency) *lira (f), liri (pl)*
problem *problema (f), problemi (pl)*
professor *professur (m & f), professuri (pl)*
project *proġett (m), proġetti (pl)*
proud *kburi (m), kburija (f), kburin (pl)*
Providence *Providenza (f)*

Q

quiet *kwiet (m), kwieta (f), kwieti (pl)*

R

rabbit *fenek (m), fenka (f), fniek (pl)*
rain *xita (f)*
rainbow *qawsalla (f), qawsalli (pl)*
read (to read) *qara*
reason *raġuni (f), raġunijiet (pl)*
red *aħmar (m), ħamra (f), ħomor (pl)*
rich *sinjur (m), sinjura (f), sinjuri (pl)*
ring *ċurkett (m), ċrieket (pl)*
roof *bejt (m), bjut (pl)*
room *kamra (f), kmamar (pl)*
rose *warda (f), ward (pl)*

S

sad *mdejjaq (m), mdejqa (f), mdejqin (pl)*
saint *qaddis (m), qaddisa (f), qaddisin (pl)*
Saturday *is-Sibt (m)*
sauce *zalza (f), zlazi (pl)*

say (to say) *qal*
school *skola (f) skejjel (pl)*
sea *baħar (m), ibħra (pl)*
season *staġun (m), staġuni (pl)*
second *sekonda (f), sekondi (pl)*
see (to see) *ra*
see you *narak*
sell (to sell) *biegħ*
September *Settembru (m)*
seven *sebgħa*
seventeen *sbatax*
seventy *sebgħin*
shall *sejjer (m), sejra (f), sejrin (pl)*
she/she is *hija*
ship *vapur (m), vapuri (pl)*
shop *ħanut (m), ħwienet (pl)*
short *qasir (m), qasira (f), qosra (pl)*
shoulder *spalla (f), spallejn (pl)*
shy *mistħi (m), mistħija (f), mistħijin (pl)*
sick *marid (m), marida (f), morda (pl)*
sister *oħt (f), aħwa (pl)*
sit down (to sit down) *poġġa*
six *sitta*
sixteen *sittax*
sixty *sittin*
skirt *dublett (m), dbielet (pl)*
small *żgħir (m), żgħira (f), żgħar (pl)*
so *hekk*
so and so *hekk u hekk*
sofa *salott (m), salotti (pl)*
soil *ħamrija (f sing & pl)*
some *xi*
special *speċjali (m sing & pl)*
spend (to spend) *nefaq*
spoon *mgħarfa (f), mgħaref (pl)*
star *kewkba (f), kwiekeb (pl)*
steal (to steal) *seraq*

story *storja (f), stejjer (pl)*
student *student (m), studenta (f), studenti (pl)*
studious *studjuż (m), studjuża (f), studjużi (pl)*
study (to study) *studja*
sturdy *qawwi (m), qawwija (f), qawwijin (pl)*
sugar *zokkor (m)*
sun *xemx (f), xmux (pl)*
Sunday *il-Ħadd*
sweater *flokk (m), flokkijiet (pl)*
sweep (to sweep) *kines*
sweetness *ħlewwa (f), ħlewwiet (pl)*

T

table *mejda (f), mwejjed (pl)*
tailor *ħajjat (m), ħajjata (f & pl)*
tall *twil (m), twila (f), twal (pl)*
teaspoon *kuċċarina (f), kuċċarini (pl)*
ten *għaxra (f)*
thank you *grazzi*
that *dak (m), dik (f)*
those *dawk (pl)*
the *l-*
theirs *tagħhom*
there *hemm*
thin *rqiq (m), rqiqa (f), rqaq (pl)*
thing *ħaġa (f)*
think (to think) *ħaseb*
thirteen *tlettax*
thirty *tletin*
this *dan (m), dawn (pl)*
thousand *elf (m), eluf (pl)*
three *tlieta*
Thursday *il-Ħamis (m)*
to (the hour) *neqsin*
today *illum (m)*
together *flimkien*

tomorrow *għada (f)*
towards *lejn*
tree *siġra (f), siġar (pl)*
trouser *qalziet (m), qliezet (pl)*
Tuesday *it-Tlieta (f)*
turkey *dundjan (m), dundjani (pl)*
turn (to turn) *qaleb*
twelve *tnax*
twenty *għoxrin*
two *tnejn*

U

ugly *ikrah (m), kerha (f), koroh (pl)*
uncle *ziju (m), zijiet (pl)*
under *taħt*
understand (to understand) *fehem*
unfortunately *sfortunatament*

V

valley *wied (m), widien (pl)*
vase *vażun (m), vażuni (pl)*
vegetable *ħaxix (m)*
village *raħal (m), rħula (pl)*
village square *pjazza (f), pjazez (pl)*

W

wake (to wake up) *qam*
warm *sħun (m), sħuna (f), sħan (pl)*
wash (to wash) *ħasel*
water *ilma (m), ilmijiet (pl)*
way (in this way) *hekk*
wealthy *sinjur (m), sinjura (f), sinjuri (pl)*

Wednesday *l-Erbgħa (f)*
when *meta*
where *fejn*
while *filwaqt*
white *abjad (m), bajda (f), bojod (pl)*
who *min*
window *tieqa (f), twieqi (pl)*
wing *ġewnaħ (m), ġwenħajn (pl)*
wise *għaref (m), għarfa (f), għorrief (pl)*
with *ma'*
with her *magħha*
with him *miegħu*
with me *miegħi*
with them *magħhom*

with us *magħna*
with you (sing) *miegħek*
with you (pl) *magħkom*
without *mingħajr*
woman *mara (f), nisa (pl)*
work *xogħol (m), xogħlijiet (pl)*
work (to work) *ħadem*
write (to write) *kiteb*
wrong *tort*

Y

yellow *isfar (m), safra (f), sofor (pl)*
yes *iva*